I0090105

Eloge till The Genuine Contact Way:
Främja en kultur för ledarskap

Jag har deltagit på en läranderesa med Birgitt sedan 2000. Vid alla våra möten bär hon med sig en äkthet, delar djup visdom och är tydlig med sina ställningstaganden. *The Genuine Contact Way: Främja en kultur för ledarskap* inbjuder dig att stiga in i din kraft som ledare för ditt liv, inklusive ditt yrkesliv. Denna utforskande resa kommer emellanåt att vara både utmanande och svår, men är något som jag varmt rekommenderar. Att du och många fler arbetar från er potential är nödvändigt för att kunna möta de utmaningar som finns i världen idag.

—Thomas Herrmann, Sverige

The Genuine Contact Way erbjuder ett fönster in till tankegångarna, värderingarna och resan med genuin kontakt, både för personligt bruk och som ett sätt att stödja organisationer och individer att skapa hälsosamma, effektiva och livgivande sätt att vara. Skönheten med boken är att hon genom att berätta sin historia på ett högst personligt sätt får fram reflektioner, både för grunden för the Genuine Contact Way och för hur det kan tillämpas i praktiken. Det var en glädje att läsa den. En del av bokens skönhet är att den, precis som varit fallet med många upplevelser jag haft med the Genuine Contact Program och det internationella nätverket av professionella utövare, har hjälpt mig att fördjupa min förståelse av min egen unika resa med genuin kontakt och hur den resan har utvecklat mig, både som professionell och i livet som helhet.

—Doris Gottlieb, Nederländerna

Jag älskar *The Genuine Contact Way* för att den verkligen börjar från början. Birgitt visar upp grunderna för sitt liv och sitt arbete, sin världsbild och centrala övertygelser baserat på den världsbilden. Genom att berätta sin historia, erbjuder hon många sätt att stödja både personlig och organisatorisk utveckling och växande. Ett resultat är the Genuine Contact Program med mycket effektiva verktyg och processer för att hjälpa organisationer bli framgångsrika. Mycket inspirerande och rekommenderas varmt till ledare och konsulter som vill göra skillnad!

—Monika Himpelmann, Österrike

Som en person som är djupt involverad i arbetet med att hjälpa organisationer och dess ledare att röra sig i nya riktningar, så stödjer jag varmt *The Genuine Contact Way*. Boken hjälper individer, ledare och organisationer att se bortom de symptom och problem som sinkar framstegen hos en organisation och dess ledare. Den erbjuder ett sätt för ledare och organisationer att se under ytan och få kontakt med den djupaste visdomen hos människor och institutioner, utveckla rutiner för individuell och organisatorisk hälsa och välbefinnande och ta hand om den sorg och de konflikter som alltid finns närvarande i organisationer som växer och förändras. Den erbjuder enkla modeller för det djupa, ärliga arbete som krävs för genuin kontakt och ett äkta liv. Jag är säker på att *The Genuine Contact Way* kommer att göra det möjligt för människor och organisationer att urskilja sitt gudomliga syfte och utveckla rutiner som stödjer deras gudomliga kallelse.

—Rev. Michael Vinson, USA

Efter universitetet tog jag Birgitts kurser för att hon är min mamma och jag ville kunna förklara vad hon jobbar med. Jag hade också en idé om att det hon gjorde skulle kunna hjälpa mig i mitt företag. När jag gick kurserna insåg jag att det hon lärde ut kunde appliceras på alla delar i livet och att hon hade använt många av principerna för att uppfostra mina syskon och mig. Den här undervisningen var hennes sätt att lära var och en av oss att hitta vårt eget ledarskap.

—David Bolton, Canada

THE GENUINE CONTACT WAY

Främja en kultur
för ledarskap

Birgitt Williams

Copyright © 2010, 2014 Dalar International Consultancy

Originalets titel: The Genuine Contact Way – Nourishing a Culture of Leadership.

Översättning: Eiwor Backelund.

All rights reserved. Utdrag medges enligt the U.S. Copyright Act 1976, ingen del av denna publikation får återges, spridas eller överföras på något sätt eller i någon form eller läggas i en databas eller fildelningssystem, utan att i förväg ha inhämtat skriftligt tillstånd från utgivaren.

(birgitt@dalarinternational.com)

Begränsat ansvar och friskrivning från garantier:

Författaren och/eller utgivaren kan inte göras ansvariga för felanvändning av materialet. Innehållet är endast avsett för information och utbildning.

Varning—Friskrivning:

Bokens syfte är att utbilda och underhålla. Författaren och/eller utgivaren garanterar inte att den som följer dessa tekniker, förslag, tips, idéer eller strategier blir framgångsrik. Författaren och/eller utgivaren har varken skyldighet eller ansvar mot någon vad gäller förluster eller skada som orsakats, direkt eller indirekt av informationen i denna bok. Dessutom bör läsare vara medvetna om att de internetsidor som angivits i boken kan ha ändrats eller försvunnit sedan boken skrevs.

Tryckt i the United States of America

Publicerad av DALAR
PO Box 19373, Raleigh, NC, 27619
www.genuinecontactway.com

First edition 2010
Second edition July 2014
Library of Congress Control Number: 2014913709
ISBN: 978-1-926934-33-4

Dedikation

Den här boken är, med innerlig tacksamhet, tillägnad det team som funnits runt mig med sin kärlek, uppmuntran, visdom och otaliga bidrag under utvecklingen av projektet the Genuine Contact Way och i mitt liv. Jag är tacksam ur djupet av mitt hjärta som flödar över av kärlek.

Ward Williams, Rachel Amanda, Laura Bolton, David Bolton, Aaron Bolton.

Jag vill också särskilt tacka det internationella nätverket av Genuine Contact professionella, kära hjärtevänner som föreslagit härliga och användbara sätt att utveckla arbetet med att främja kulturer för ledarskap. De bidrar alla på ett fantastiskt sätt till det här arbetet och till mänskligheten.

Innehåll

Förord

För inte så länge sedan hade jag en verkligt djup upplevelse. Jag gav mig själv en present i form av en fyra dagars andlig retreat – en tid för att vara tillsammans med en grupp människor jag litade helt på, med avsikten att skapa en livgivande container för oss, på vår resa med att fullt ut leva och uttrycka vårt syfte på jorden just nu.

När jag reste till retreaten fanns det en viss oro. Fram tills dess, hade min upplevelse av djupa processer som denna, alltid åtföljts av djupt sorgearbete eftersom jag har orörda smärtsamma lager från mitt förgångna och arbetar för att förstå mig själv bättre. Många tårar har fallit. Sådant här arbete kan ofta kännas tungt och svårt. Jag var beredd, öppen för upplevelsen och såg ändå inte fram emot den särskilt mycket.

Allt eftersom dagarna gick, så upplevde jag lätthet, frid, lugn och glädje. En hel del ny medvetenhet kom upp till ytan. Ny förståelse för hur jag hade spelat upp mitt liv och hur jag ville agera framöver. Det var en verkligt transformativ resa. Och inte en enda tår föll. Inte ett ögonblick av sorg. Istället fanns det en ständigt växande förståelse av skönheten i min själ, en skönhet som har funnits där hela tiden och är redo att uttryckas helt och fullt i världen. Även om nästa steg på min resa är tydligt, så är jag medveten om att det krävs mycket arbete för att komma dit. Det kommer att bli ett glädjefyllt och tillfredställande arbete.

När jag pratade med Birgitt sedan jag kommit hem efter den här fantastiska upplevelsen, så påminde hon mig om att, även om jag vid 34 års ålder fortfarande ofta betraktas som ung av mina jämlikar, så

1

har jag nu befunnit mig på en medvetet vald och engagerande resa i personlig utveckling under nästan 20 år.

De här 20 åren visar hur det kan se ut att leva och arbeta the Genuine Contact Way. Att ha blivit uppfostrad av Birgitt Williams och ha haft Ward Williams som bonuspappa under nästan hela mitt vuxna liv, har inneburit att leva i det heltäckande programmet the Genuine Contact Way, varje timme, varje dag.

Till sin djupaste essens handlar the Genuine Contact Ways sätt att leva och arbeta om att vara i genuin kontakt – med sig själv, med andra individer, med samhället och med Skaparen. När detta tillämpas i ditt liv så handlar det om att leva det mest kompletta uttrycket av din gudomliga skönhet och inbjuda de som finns runt dig att göra detsamma. När det tillämpas i ditt arbete så handlar the Genuine Contact Way om att inbjuda alla i organisationen, vare sig det är en person eller tusen, att uttrycka sin storhet i allt de gör, att bidra till den kollektiva visdomen i organisationen och att uppleva stor glädje, hög kreativitet, hög produktivitet och stort engagemang varje dag.

I min ungdom, när the Genuine Contact Program började skapas, lovade jag mig själv att vara i genuin kontakt, att leva the Genuine Contact Way. Och djupdykningen började. Jag har blivit utmanad att infinna mig och vara helt närvarande i mitt liv, att lära mig tala min sanning och lita på att vad som än händer är det enda som kunde hända. Att upptäcka mitt syfte och min passion i livet och att ägna mig åt det helt och fullt. Att leda mitt liv från en plats av tydliga och påvisbara värderingar. Att skapa en kraftfull vision för mitt liv, sätta upp intentioner och sedan hålla utrymmet öppet för att se på när universum har sammansvärjt sig för att få dem att förverkligas. Jag bygger en stödjande och kärleksfull grupp kring mig, lär mig be om det jag behöver och litar på att min grupp ska hjälpa mig att få behoven tillgodosedda. Jag skapar hälsosamma och balanserade strukturer i mitt liv och i mitt arbete, som stödjer mig att fortsätta leva the Genuine Contact way.

Birgitts ord i *The Genuine Contact Way* inbjuder oss alla att göra våra egna personliga åtaganden till oss själva. Att åta sig att föra in the Genuine Contact Way i våra liv och i våra organisationer. Inbjudan är vänlig. Det är en inbjudan att göra det som känns rätt för dig just nu och att släppa det som inte stämmer. Det är en inbjudan att leva ett liv som är mer fullständigt, rikare, djupare, mer medvetet och mer levande

The Genuine Contact Way är den sortens bok som du kan läsa nu och sedan om och om igen, för att ta din personliga utforskning djupare med varje ny upplevelse. Inbjudan att ansluta sig till the Genuine Contact Way community inbjuder dig att bli en del av något medvetet, att knyta kontakten med andra som också lovat ta hand om sig själva mer fullständigt. Att stödja andra och få stöd när du utforskar och lär dig. Jag ser fram emot att möta dig där.

Rachel Amanda
Brantford, Ontario, Canada 2014

Författarens förord

Var den förändring
du vill se i världen

Att leva modigt – det är vad vi är ombedda att göra. Precis som Mahatma Gandhi sa, så måste vi vara den förändring vi vill se i världen. Det kräver oerhört stort mod att vara den förändringen.

Du läser den här boken för att du nu vill omfamna ditt mod och övervinna din rädsla för att uppnå ditt totala välbefinnande, välbefinnandet hos de organisationer där du befinner dig, inklusive din familj och välbefinnandet hos mänskligheten. Genom att läsa boken och leva och arbeta enligt the Genuine Contact Ways sätt, i den omfattning som känns rätt för dig, så förbinder du dig att växa och expandera till helheten av det du är och lära dig använda din fulla potential.

Detta sätter igång en förändring. Förändring tar med oss in i det okända. Inser du att du känner dig tryggare när du håller fast vid sådant du tror gör dig olycklig istället för att möta det okända? Förändring kan innebära vinst och expansion, förmodligen i långt högre grad än du inser. Förändring åtföljs också alltid av förlust. Jag tror att vetskapen om att förändring alltid åtföljs av förlust, är det som gör att människor som vill se sin verklighet bli bättre, misslyckas med att vidta nödvändiga åtgärder. Det är inte motstånd mot förändring som tenderar att hålla fast människor. Det är motstånd mot förlust, undergång och misslyckande. Den här rädslan är en stark drivkraft. Om du är som de flesta, så är du rädd för att förlora jobb, relationer, familjestruktur och värderingar, till och med förlora familjen. Om du är som de flesta, så är du rädd för det som är okänt för att du är rädd för förlust, undergång och misslyckande. Jag försäkrar att den kraft som finns inom dig, individuellt och kollektivt, är större än kraften hos rädslan och du kommer att upptäcka det när du använder ditt mod för att börja förändra i ditt liv.

Mänskligheten befinner sig vid en korsväg. Den riktning vi väljer kommer att påverka otaliga generationer framöver. Valet står mellan en livgivande framtid eller en livsförbrukande framtid, mellan frihet eller diktatur. Jag ser in i ögonen på mina barn, mina bonusbarn och mina barnbarn och jag väljer att göra min del i att skapa en livgivande framtid. Den här ögonkontakten, hjärta till hjärta, själ till själ, ger mig mod. Jag väljer att vara den förändring jag vill se i världen och att åta mig det interna arbete som krävs för att jag ska vara den förändring jag vill se i världen. Jag förstår att inre arbete är nödvändigt för att få konkreta resultat. Jag inser att göra saker i världen utanför, för att få till stånd en förändring som är positiv och livgivande, kräver mod, särskilt inom familjer och organisationer som är fyllda av livsförbrukande mönster och vanor. Men ingen av de yttre förändringar som jag tagit ledarskap för, har krävt lika mycket mod som det har krävts för att göra mitt inre förändringsarbete. Jag är modig. Jag välkomnar dig och högaktar dig för att du också omfamnar ditt mod. Tillsammans kan vi välja en riktning för mänskligheten till nytta för otaliga framtida generationer, genom att börja vara den förändring vi vill se i världen.

Den goda nyheten är att det inte finns något som behöver lagas. Att laga något handlar om att gå baklänges och använda energi på sätt som troligen inte gagnar framtiden. Det är alltid bra att lära sig av det förflutna för att se vad som fungerat och inte, så att vi inte upprepar det. Det är viktigt att behålla fokus på lösningar och inte dras ned av problem som behöver fixas till. Om vi fokuserar på problemen och på att fixa dem, så kommer vi antagligen inte att få de livgivande resultat som är önskvärda.

Lösningar är möjliga när vi gör mer medvetna val för den framtid vi vill skapa. När vi fokuserar på det vi vill, så kommer vi, enligt den universella attraktionslagen, att föra in det i vår verklighet. Om vi riktar in oss på problem, så skapar vi problem. Om vi riktar in oss på lösningar som kommer av att vi är den förändring vi vill se i världen, så bidrar vi till att skapa dem. Vi kan ha en vision av livgivande organisationer som når enastående resultat för mänskligheten och planeten och vi kommer att bidra till att de skapas. Vi kan ha visioner för främjandet av en kultur av ledarskap i alla organisationer, där människor blomstrar medan de skapar otroliga resultat.

Vi kan vara den förändring vi vill se i oss själva, i vår organisation och i vår värld … och sedan bevittna underbara resultat.

Som Einstein sa, enligt vad man påstår, "Vi kan inte lösa våra problem med samma nivå av tänkande som vi hade när vi fick dem." Ibland framställs citatet på följande sätt: "Vi kan inte lösa våra problem på samma nivå av medvetenhet som vi hade när vi fick dem." En metod som jag använder för att ändra det som man ibland benämner som nivåer av tänkande, är att jag byter ut *vad* jag väljer att lägga märke till och vad jag fokuserar på och jag är villig att expandera mitt perspektiv.

Låt oss fundera lite över vad som krävs för att byta till en annan nivå av medvetenhet, om detta är vad Einstein egentligen förespråkade. Det kan hjälpa att man byter från ett linjärt perspektiv av medvetandenivåer och ersätter det med en bild av en expanderande medvetenhet, något vi alla kan välja att göra när vi leder våra liv, våra samhällen och våra organisationer. Det kan också hjälpa att ha en bild av flerdubbla dimensioner av medvetenhet, återigen med kunskapen om att var och en av oss har tillgång till flerdubbla dimensioner av medvetenhet, vilket innebär att vi verkligen kan befinna oss i en annan medvetenhet än vi hade då vi individuellt eller kollektivt fick de problem vi upplever nu.

De flesta människor kan enkelt få tillgång till fyra dimensioner av sig själv, fyra dimensioner av sin medvetenhet. Det behövs bara lite enkelt arbete för att ta sig ur sin mentala medvetenhet, som ofta dominerar och börja lägga märke till sin fysiska, emotionella och själsliga medvetenhet. Var och en av de här fyra dimensionerna av medvetenhet är ytterligare en dimension av ens hela jag som redan finns på plats. Ja just det, som redan finns inom var och en av oss. Häpnadsväckande lösningar för vår framtid kan komma av att vi byter från användningen av endast en dimension av medvetenhet till att arbeta med hela spektrat på en gång. Att arbeta från ett större spektra av tillgängliga medvetenheter förändrar oss och tar oss bort från acceptansen av att vardaglig verklighet är så som livet och ledarskapet måste vara. Det får oss att ändra till ett liv bortom vardaglig verklighet, till ett som vi kanske ser som en enastående verklighet. Detta är möjligt att uppnå.

Tack för att du omfamnar modet att skapa ett liv bortom den vardagliga verklighet som vi gemensamt upplever. Jag uppmuntrar dig att söka sådana källor som hjälper dig att åstadkomma detta. *The Genuine Contact Way* kan vara ett stöd på din väg. Jag är försiktig för jag vill inte lämna dig med ett budskap om att det bara finns ett sätt att göra det på, för jag vill skapa möjligheter för dig att öka din egen styrka. Om någon säger till dig att det bara finns ett sätt, så inbjuder de dig att lämna över din makt till deras åsikter, att ge upp din personliga makt att leda ditt eget liv, vilket är din födslorätt i detta frivillighetens universum. På följande sidor skapar jag möjligheter för dig att använda ditt mod för att stärka din egen kraft och upptäcka vad som fungerar bäst för dig när det gäller att vara den förändring du vill se i världen. När du sett vad som erbjuds, kan det kännas rätt för dig att ansluta dig till det vibrationsfält som finns kring att leva och arbeta enligt the Genuine Contact Way, liksom till arbetet i andra vibrationsfält som hjälper dig leda ditt liv på det sätt du väljer.

Jag erbjuder dig ett perspektiv för att ändra de filter du har för din varseblivning, från din nuvarande syn på vardaglig verklighet till att även innehålla sådant som kan se ut som en icke vardaglig verklighet. Vi kan kollektivt göra val, en person i taget, för att välja en annorlunda verklighet. Framtida generationer kan komma att se tillbaka på oss och tacka oss för vårt bidrag för att förändra världens medvetenhet. De kanske tackar oss för vårt mod att göra livgivande val, för valet att ändra vår medvetenhet för att nå personliga och organisatoriska genombrott, för att vara den förändring vi vill se i världen. De kanske ser tillbaka på oss och inser att vi hade modet att byta från vår befintliga vardagliga verklighet till vad vi idag uppfattar som en annorlunda eller märkvärdig verklighet. De kommer att tacka oss för vårt mod och vår vilja till förändring, för att vi kunde lyssna och för att vi lämnade vår mentala medvetenhet tillräckligt länge för att kunna lyssna till den stora visdomen hos vår själsliga, emotionella och fysiska medvetenhet. Jag har som mål att mina barnbarn ska kunna säga: "Tack för att du älskade oss sååå mycket att du hjälpte till att skapa en livgivande värld för oss."

Inledning

En dag under en tågresa, när jag funderade på vad mitt arbete i världen skulle heta, så inspirerades jag av orden "Genuine Contact". Inspirationen kom som en dånande röst som sa de här orden och med detta avbröt mina tankar med ett svar. Jag minns att jag såg mig omkring på de andra resenärerna i det fullsatta tåget, för att se om det fanns någon reaktion på att de också hört rösten. Ingen verkade ha märkt något, så jag accepterade att detta var en upplevelse som var avsedd för mig och som var gudomligt inspirerad. Efter detta vigde jag mitt arbete åt att uppmuntra genuin kontakt i världen: Genuin kontakt med sig själv, med andra individer, med ett kollektiv och med vår Skapare och skapelsen.

Ett av mina favoritbegrepp är "Jag önskar att varje person skulle se sig själv så som änglarna ser dem. Då skulle de veta att de verkligen är vackra, begåvade, kraftfulla och dyrbara." Jag tror att det är viktigt för människor att göra anspråk på ledarskapet i sina liv, att hävda sin kraft, ta makten över sina liv, bli ansvariga mot sig själva, ta ansvar för sig själva och att utvidga sig till sin fulla potential. Jag anser att människor är dyrbara.

När jag lever och arbetar i min fulla potential, upplever jag en känsla av ordning, design, expansion, balans och harmoni. Jag upplever att mitt liv rör sig i underbara rytmer. Jag inser att sann rikedom är själslig, fysisk, emotionell och intellektuell.

Jag är till professionen en organisationskonsult som är specialiserad på att utveckla ledare och organisationer och på att stödja ledare och deras organisationer att finna lösningar, på sätt som är expansiva och genererar sann rikedom. Eftersom jag varit organisationskonsult i över två decennier, har jag haft privilegiet att arbeta med alla sorters organisationer i många länder och fått hjälpa dem att lösa komplexa utmaningar för att gå framåt och nå sina mål. Jag har samlat mängder av information om vad som fungerar och vad som inte fungerar i organisationer. Jag inser att om organisationer ska få uppleva genombrott in till sina verkliga rikedomar, så behövs en förändring av medvetenheten. Grundläggande för en sådan förändring av medvetenheten är att främja en kultur av ledarskap i våra familjer och organisationer. Detta kräver att vi ansluter oss till ett paradigmskifte för hur vi betraktar ledarskap.

Jag har skrivit *The Genuine Contact Way* som en vägledning för människor som vill lära sig leva och arbeta från sin fulla potential. Den är uppbyggd som en arbetsbok med frågor att besvara för dig själv eller i en studiegrupp med två eller flera. Varje del erbjuder begrepp att reflektera över. Varje del ger dig möjligheten att fatta beslut om hur du vill ta ledarskap över ditt liv, ledarskap i din familj, ditt samhälle och på din arbetsplats. Du erbjuds möjlighet att reflektera över din roll i att främja en kultur av ledarskap var du än befinner dig.

Medan jag skrev, så föreställde jag mig att du skulle läsa en stund, ta en paus för att fundera, anteckna och utveckla överenskommelser med dig själv för hur du vill leda ditt liv, utifrån vad som känns rätt för dig. Jag har lagt till sidor i boken för dina anteckningar. Jag har också föreställt mig studiegrupper på arbetsplatser eller andra ställen, som studerar boken tillsammans och använder de olika idéerna för att förbättra sitt arbete och sina arbetsplatser. Det fins en stor potential att utnyttja och jag föreställer mig att den här boken kan hjälpa människor, inklusive ledare och deras organisationer, att fatta beslutet att förändra sin medvetenhet för att kunna leva sin fulla potential

10

och därmed skapa genombrott i sina personliga liv och sina organisationer. Jag föreställer mig att organisationer överallt kan nå sin verkliga rikedom och uppfylla sitt valda syfte, vision och mål. Jag föreställer mig att genom att främja en kultur för ledarskap i organisationer, så kommer livsförbrukande val att dö bort i det förgångna och istället görs livgivande val som gagnar människor, samhälle och miljö, för oss och för framtida generationer.

Jag är väl medveten om att det skrivna ordet kanske bara får dig att bli kvar i din mentala medvetenhet, om jag inte på något sätt lyckas måla en ordbild som berör dina känslor. Reflektionsfrågorna i början av varje kapitel är avsedda att engagera din emotionella, själsliga och fysiska medvetenhet, precis som de frågor som avslutar varje kapitel. Valet att låta dem beröra dig är naturligtvis ditt, beroende på vilken upplevelse du vill ha just då. Jag tror att det är i den interaktivitet som skapas av dina reflektioner, dina svar på frågorna och din undersökning av vad som är meningsfullt för dig, som lärandet sker, inte i mina skrivna ord som enbart är till för att stimulera dina reaktioner.

De frågor som inleder varje del är:

1. Vilken färg kommer du att tänka på?
2. Vilken textur kommer du att tänka på?
3. Vilken metafor kommer du att tänka på?
4. Vilken dansrörelse kommer du att tänka på?
5. Vad lär du dig om genuin kontakt?

För att fördjupa ditt lärande från varje del, har jag i slutet av den lagt till fem reflektionsfrågor som liknar de frågor man använder inom Neuro-Linguistic Programming (NLP).

De reflektionsfrågorna är:

1. Om det som presenteras här är sant, vad skulle jag då se?
2. Om det som presenteras här är sant, vad skulle jag då höra?
3. Om det som presenteras här är sant, vad skulle jag då känna?
4. Om det som presenteras här är sant, vad skulle jag då veta?
5. Om det som presenteras här är sant, hur skulle det då kunna påverka mitt ledarskap?

För att stödja det multidimensionella lärandet så har vi lagt in en serie symboliska konstbilder, skapade av konstnären Laura Bolton, för att ge impulser till reflektionen, specifikt för de som lär sig bäst genom att se på bilder.

Kontakt med den världsbild som ligger till grund för den här boken

Allt du lär dig inom *The Genuine Contact Way* kommer du att förstå i perspektivet av din egen världsbild. Jag tror att det kan vara bra om jag delar min världsbild med dig, så att du kan bestämma vilken nivå av överensstämmelse du känner, utan att genom hela boken behöva gissa dig till vilken världsbild den är skriven utifrån och så att du kan fatta välgrundade beslut om vilken nivå av engagemang du vill ha med *The Genuine Contact Way.* När jag läser böcker eller lyssnar på någon, så stöds graden av mitt engagemang av ifall deras världsbild varit öppet uttalad från början. Kanske gäller detta även för dig och därför erbjuder jag nu min världsbild till dig.

Min världsbild som påverkat utvecklingen av både the Genuine Contact Way och the Genuine Contact Program och det sätt som jag leder mitt liv på, innehåller de här fem övertygelserna:

1. Jag tror att varje organism (inklusive en organisation) har mönstret för sin egen optimala hälsa och balans inom sig. Jag litar på att människorna i organisationen vet vad som behövs för optimal effektivitet. Att bygga på de styrkor som finns inom organisationen är en nyckel till optimal effektivitet. Ibland är individer och organisationer förgiftade och kan därför inte komma åt sitt mönster för optimal hälsa och balans. Förgiftning är ett hinder för optimal effektivitet som man kan ta sig igenom, när individer och organisationer sköter om balans, rening och näringstillförsel för att stärka sin livskraft.

2. Jag tror att fokus på genuin kontakt gör det möjligt för individer och organisationer att uppnå den individuella och organisatoriska hälsa och balans som behövs för optimal effektivitet. Positiva förändringar i organisationen är direkt kopplade till positiva förändringar hos individerna. Båda krävs för hållbara nya sätt att arbeta.

3. Jag tror att Anden eller andan (medveten energi) har betydelse, att hela skapelsen är sammankopplad genom andan eller Anden och att människor är värdefulla. Min erfarenhet är att strategier som grundar sig på de här värderingarna får spännande, konkreta resultat.

4. Jag tror att förändring med åtföljande förluster, sorgearbete och konflikter, är konstant. Individer och organisationer som utvecklar stor skicklighet i att arbeta med förändring kan upprätthålla optimal effektivitet. De här ledarna och organisationerna inser att förändring inte kan styras, att energi som läggs på att försöka styra förändring är bortkastad och att man får en produktiv användning av individuell och organisatorisk energi när man arbetar med en förändring och inte emot den.

5. Jag tror på att göra det enkelt. Enkla verktyg och processer möjlig-
gör framgång i komplexa situationer. Att göra det enkelt innebär
att jag inser att all hållbar förändring måste börja inifrån och inte
kan inledas eller drivas externt.

Det är din sak att bestämma hur mina påståenden om de över-
tygelser, som är en del av min världsbild, känns för dig. Genom att
dela mina övertygelser kan jag ha vunnit eller förlorat dig som läsare.
Kanske är det själva världsbilden som får dig att bli engagerad eller
att avstå ifrån din önskan att lära av den här boken. Kanske väljer du
att fortsätta med boken även om du inte håller med om de övertygel-
ser den grundar sig på, för att du helt enkelt är nyfiken på att skifta
medvetenhet för att uppnå organisatoriska genombrott, särskilt när det
gäller att skifta till ett nytt ledarskapsparadigm. Jag ber dig inte hålla
med om mina övertygelser, jag vill bara att du ska veta att det är de här
övertygelserna som ramar in den berättelse som följer. Om du liknar
mig vad gäller detta, så känner du att det är bra att förstå de grundläg-
gande övertygelserna från början, för det tar bort behovet av onödiga
gissningar och antaganden.

För att utforska det skifte av medvetenhet som krävs för att byta till
ett nytt paradigm, så har boken delats in i fem kapitel enligt de fem
övertygelserna i min världsbild. Det nya paradigmet, om du nu väljer
att skifta din medvetenhet individuellt och organisatoriskt, innebär att
alla är kapabla att ta ledarskap, att ledarskap är ett verb och att främjan-
det av en kultur för ledarskap anses vara ett arbete som är nödvändigt
för att mänskligheten ska blomstra under kommande generationer.

KAPITEL ETT

Mönstret för optimal hälsa

Jag tror att varje organism (inklusive organisationer) har mönstret för sin egen optimala hälsa och balans inom sig

För att du ska få egna upplevelser när du läser det här kapitlet, inbjuder jag dig att reflektera över

1. Vilken färg kommer du att tänka på?
2. Vilken textur kommer du att tänka på?
3. Vilken metafor kommer du att tänka på?
4. Vilken dansrörelse kommer du att tänka på?
5. Vad lär du dig om genuin kontakt?

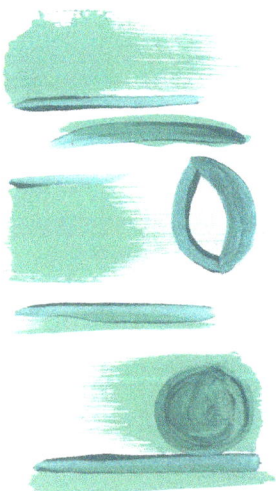

Jag anser att varje organism, person, par, familj, team och organisation har mönstret för sin optimala hälsa och balans inom sig. Jag litar på att människorna i alla de organisationer som jag någonsin arbetat med, vet vad som behövs för optimal effektivitet. Det som krävs är att man skapar förutsättningar så att man kan nå och arbeta med den visdom som finns inneboende i organisationen. Louis Pasteur sa enligt uppgift på sin dödsbädd: "Jag hade fel. Jaga inte smittämnena..... ta tag i den interna terrängen." Jag håller med Pasteur.

18

Att sköta om den "interna terrängen" handlar om att skapa rätt förutsättningar, så att organismen får tillgång till sitt eget mönster för optimal hälsa. Alltför ofta jagar "läkande ingrepp", även om de är ganska välmenade, efter symptomen, men ger inte tillräcklig uppmärksamhet, om ens någon, åt den inre terrängen. När det gäller människans fysiska kropp finns det många medicinska synsätt som undersöker symptom och enskilda system och inte ser till tillståndet i hela kroppen. Detta är värdefullt i akuta och traumatiska situationer och betydligt mindre värdefullt eller effektivt vid kroniska tillstånd eller när det gäller allmänt välbefinnande. När det gäller kroniska tillstånd och allmänt välbefinnande kommer hållbara, optimala resultat från fokus på hälsan i den inre terrängen.

Mönster för optimal hälsa hos individer

Jag minns när jag vid 31 års ålder fick diagnosen ledinflammation, fick ett recept på mediciner som man sa att jag var tvungen att ta under resten av livet och sedan skickades iväg. Detta var ett perspektiv på min hälsa som fokuserade på symptomen. Efter att jag tagit medicinerna några dagar, fick min inre visdom mig att stanna upp och tänka. Jag insåg att när jag räknade med alla möten jag hade under dagen, inklusive att jag tog en kopp kaffe när någon kom in på mitt kontor, så drack jag sjutton koppar kaffe varje dag. Då visste jag inget om den interna terrängen och ändå insåg jag att jag kanske själv delvis orsakade det tillstånd jag befann mig i. Jag minskade kaffeintaget till fyra koppar per dag, ersatte resten med enorma mängder vatten och slutade med medicinen mot ledinflammation. Inom bara några dagar hade jag inte längre ont i mina leder och jag var definitivt fri från inflammationer. Specialisten stannade inte upp för att ställa frågor om min diet, om min interna terräng. Jag hade inte heller stannat upp tillräckligt länge för att fundera över min interna terräng. Jag är tacksam att den inre visdomen fick mig att stanna upp, undersöka och handla. Jag gjorde bara en enkel sak, ersatte det mesta av kaffedrickandet med vatten och min kropp tog hand om att återställa mig till optimal hälsa och balans, snabbt och hållbart.

Idag besöker jag terapeuter som tar sig an min hälsa från ett holistiskt perspektiv. Jag är inte ett symptom och jag är inte ett system. Jag är mer intresserad av förebyggande arbete än av ingrepp. Jag är intresserad av att arbeta med terapeuter som hjälper mig att göra vad som behövs för att optimera min interna terräng så att min kropp får tillgång till mönstret för sin optimala hälsa.

Det krävs mod av dig som individ, att erkänna att du har mönstret för din optimala hälsa och balans inom dig. Det krävs mod att erkänna att ni, som par, har mönstret för er optimala hälsa och balans inom er som par. Det krävs mod att erkänna att ni som familj, team eller vilken annan typ av organisation som helst, har mönstret för er optimala hälsa och balans inom familjen, teamet eller organisationen. Det krävs mod, för ända tills nu kanske du anammat en falsk tankegång som fått dig att tro att du är mindre än du är. Lika väl som att det krävs mod, så kan det behövas lite ödmjukhet. Du har hela tiden haft visdomen inom dig och antingen inte vetat om det eller inte använt den.

Efter att jag hittat modet att acceptera övertygelsen att jag inom mig har mönstret för min optimala hälsa, så har jag oftast lyckats bibehålla optimal hälsa, även om det inte fungerat hela tiden. När gifter från omgivningen kommer åt mig, så behöver även jag avgifta, rensa, balansera och ge näring till mig själv för att återfå min optimala hälsa. Jag erfar att eftersom jag tror att jag har mönstret till min optimala hälsa inom mig, så kan jag snabbt återvända till min individuella balans. Detsamma stämmer när det gäller mina mest värdefulla enskilda relationer och min relation till de organisationer jag är medlem i.

Jag kämpade länge emot den här övertygelsen om att mönstret för min optimala hälsa fanns i varje organism, för om jag accepterade den så skulle jag bli tvungen att undersöka varför min egen hälsa inte var optimal, varför jag var på väg mot en skilsmässa, varför den familj där jag var född hade så många problem och varför min barndom hade haft så många svårigheter. Det var mycket enklare för mig att fortsätta anamma övertygelser om att jag var ett offer för omständigheterna, att min hälsa, mitt äktenskap och bagaget från min barndom orsakades av andras beteenden och att min egen roll var ganska liten. Jag fick verkligen kämpa med mig själv för att förlika mig med min egen kraft, min visdom och med att mönstret för min optimala hälsa fanns inom mig samt att mönstret för optimal hälsa i alla organisationer där jag valt att vara, också fanns inom organisationen. Jag tror att kampen var svår, inte bara för att det behövdes mod och ödmjukhet, utan också för att med övertygelsen kom en massa ansvar som jag inte var säker på att jag ville ha.

Under kampen att mobilisera mitt eget mod att acceptera den här övertygelsen, var jag tacksam mot mina föräldrar för deras attityd till fysisk hälsa, som innebar att man nästan aldrig gick till doktorn och att äta mediciner, med undantag för någon enstaka huvudvärkstablett, inte ingick i deras liv. De trodde på att "låta naturen ha sin gång." I vuxen ålder, när jag var gravid och födde mina fyra barn, så besvarade den barnmorska som hade ansvar för mig, alla mina frågor med "låt naturen ha sin gång" och använde ett arbetssätt där hon valde att inte ingripa. Optimal hälsa rådde. Och jag började fundera över innebörden i frasen, som betyder att optimal hälsa på något sätt kommer att visa sig om man inte ingriper. Var kommer den ifrån?

Jag läste mycket i mitt sökande och jag observerade mycket i mitt eget liv och i livet hos de som fanns runt mig. Jag började förstå att optimal hälsa kunde inte visa sig i den fysiska kroppen, när det fanns en mängd gifter. Längs vägen, när jag mindes Pasteurs citat "Jag hade fel. Jaga inte smittämnena, ta tag i den interna terrängen", så började jag förstå att om den interna terrängen var livgivande, så kunde inte smittämnena stanna kvar och då skulle optimal hälsa återvända. Jag hittade böcker om hur jag kunde avgifta min omgivning, äta hälsosammare mat, motionera på sätt som tog bort gifter och generellt sköta om min inre terräng. Genom att följa de råd som författaren Andreas Moritz ger i sin bok *Timeless Secrets of Health and Rejuvenation*, lyckades jag skapa förutsättningar i min kropp så att mönstret för min optimala hälsa tilläts göra sitt jobb.[1] Och ändå finns det tillfällen då jag blir sjuk eller känner att jag inte befinner mig i optimal hälsa och balans, trots att jag tar hand om min kropp. Ibland får jag en förkylning eller influensa. Ibland har jag ont och värk. Det allvarligaste var två förskjutna knäskålar under de första dagarna av en sex veckor lång resa till Ryssland och Tyskland. Och sedan var det förstås en frusen axel när jag skadade min rotatorkuff. Det finns inget som känns fruset när det gäller det tillståndet. Det är ytterst plågsamt. Om mönstret för min optimala hälsa fungerade, varför fick jag då bakslag? Jag fortsatte att iaktta och läsa.

Det kunde ha stått klart för mig tidigare men det gjorde det inte. Men plötsligt förstod jag att själslig, mental och emotionell hälsa och välmående påverkade den fysiska hälsan. Att få tillgång till det optimala mönstret för min perfekta hälsa var en multidimensionell upplevelse, som innefattade åtminstone de mentala, själsliga, emotionella och fysiska dimensionerna. Det fanns så många meddelanden runt mig för att leda mig fram till den här insikten, så jag är fortfarande förbryllad över att jag så länge ignorerade den. Slutsatsen fanns till och med beskriven i en av de böcker jag läst och ändå missade jag den på något sätt. Vad tänkte jag? Och ja, det är precis det som är kruxet i det här dilemmat: *Vad tänkte jag?* Var jag valde att fokusera mina tankar, föreföll vara det som var nyckeln till att få tillgång till mönstret för min optimala hälsa och balans.

Jag testade och upptäckte att min fysiska hälsa och känsla av optimal hälsa och balans i alla mina relationer, påverkades av var jag valde att fokusera mina tankar och åtföljande ord. Jag drog slutsatsen att övertygelsen om att mönstret för optimal hälsa och balans finns i varje individ, också var sant för alla organismer och att varje organisation var en levande organism där detta gällde – paret, familjen, teamet och till och med stora, globala organisationer. Den här slutsatsen kan kännas som att man verkligen töjer på definitionen av begreppet organism. I arbetet som organisationskonsult fortsätter jag att hitta bevis för att mönstret för optimal hälsa och visdomen att nå det, finns inom organisationen i hundra procent av alla de organisationer jag arbetat med. Ibland kanske inte visdomen leder till handling, men den finns alltid där.

Jag har lärt mig mycket om att använda mönstret för min egen optimala hälsa och lärt mig bestämma fokus för mina tankar. Det är ett kontinuerligt arbete som hela tiden utvecklas. Ibland måste jag bevaka mina tankar medan jag sparkar och skriker och vill gå åt andra hållet, för att jag låser fast mig vid tidigare tankemönster som är välkända, fast de inte är bra för mitt välmående.

Mönster för optimal hälsa — Organisationer

Detta mönster för optimal hälsa gäller även för organisationer. Under de senaste tjugofem åren har jag arbetat med otaliga organisationer och inte bara stora organisationer utan även par och familjer. När jag initialt blir ombedd att hjälpa till, så tillfrågas jag om att fixa symptomen, det vill säga beteenden och handlingar som ses som problematiska och hindrar organisationen från att fungera på ett bra sätt. Jag har haft fantastiska lärare som lärt mig att inte bli lurad av symptomen och att fokusera på de omständigheter där symptomen uppträder. När jag utbildade mig i familjerådgivning så lärde jag mig, att när man arbetade med en familj så fanns det ofta ett barn som pekades ut som det svarta fåret i familjen, som den som orsakade problemen. Detta var som att peka ut ett symptom och jag fick inte bli lurad att ägna mig åt symptomet. Mitt arbete var att undersöka vilka omständigheter som fick barnet att vara utagerande.

Jag upptäckte att oftast var det här barnet den hälsosammaste medlemmen i familjen. Barnet hade fortfarande engagemang att utagera och att genom detta söka hjälp för familjen, som ofta försökte fungera i mycket förgiftade omständigheter. Den interna terrängen var så förgiftad och barnet tillkännagav det för världen med en bön om hjälp. Vid de tillfällen då familjen arbetade med förutsättningarna för att fungera som familj, förändrades beteendena när omständigheterna eller den interna terrängen utvecklades till att främja livet. Resultatet av angreppssättet "den interna terrängen" blev hållbart i ett förbättrat familjeliv och förbättrade beteenden hos barnet.

Jag beundrar det arbete som gjorts av bortgångne dr Peter Frost, the University of British Columbia, Canada. Han forskade och skrev om ett fenomen i organisationer som han refererade till som gifthanteraren. Hans väl underbyggda doktorsavhandling handlar om att i förgiftade organisationer, sådana som inte skötte om tillståndet i organisationen, så kunde högpresterande team, om det fanns några, få goda prestationer på bekostnad av någon som hanterade den förgiftade miljön och höll förgiftningen borta från teamet. Föreställ dig en kulturell norm där det på något sätt är acceptabelt att tillåta förgiftade omständigheter för personalen och där det förväntas av teamledaren att denne ska se till att teamet presterar bra resultat med mätbar måluppfyllelse. Föreställ dig att det är acceptabelt att detta sker på bekostnad av en person som är ledare för teamet eller avdelningen – antingen chef eller biträdande.

Dr Frost och hans kollegor studerade ett urval personer som klarade att vara högpresterande team trots mycket förgiftade omständigheter. De fann att de här "gifthanterarna" hanterade den förgiftade miljön och skapade förutsättningar för att deras team skulle ha en livgivande miljö i den förgiftade omgivningen. Resultatet var högpresterande team. Och resultatet var också att de här gifthanterarna faktiskt betalade med sina egna liv. De blev sjuka, fick ibland hjärtinfarkter, ibland cancer, ibland andra stressrelaterade sjukdomar.[2]

Dr Frost och jag talade om det höga priset för att skapa en livgivande miljö, där den mindre organismen (teamet) kunde fungera i en större förgiftad organisation. Ingen av oss tyckte att det var värt det här priset. Ett bättre sätt vore att skapa förutsättningar så att hela organisationen kunde få tillgång till mönstret för sin perfekta hälsa. Då skulle varje liten organisation inuti den större kunna nå optimala prestationer.

I mitt arbete som organisationskonsult arbetar jag bara med ledare som är villiga att arbeta med den inre terrängen eller tillståndet i sina organisationer. Jag ser att resultaten i sådana situationer blir livgivande, hållbara och man når mycket goda resultat. Jag har inget intresse av att slösa bort min tid på att se hur man kan fixa symptom och därför får resultat som inte är hållbara. Till dags dato har de flesta ledare som kontaktat mig, initialt velat få ett symptom fixat, en konflikt löst eller beteenden och handlingar på en avdelning korrigerade genom bättre arbetsrutiner. Under samtalen när jag uttrycker min syn på de befintliga förhållandena, som jag refererar till som ett operativsystem eller organisationens fundament, istället för att tala om symptomen som visar sig i beteenden och handlingar, så får jag intressanta svar. Fram tills idag så inser åtta av tio ledare att vi inte är de konsulter de letar efter. De vill ha något fixat och vill inte hantera förhållandena.

De goda nyheterna är att två av tio ledare klarar att ändra till ett extraordinärt tänkande och de ansluter sig till synsättet att arbeta med den interna terrängen och nå visdomen hos personalen, för att räkna ut hur man uppnår optimala prestationer. Vår roll som externt konsultteam blir då att arbeta med personalen på ett sätt som liknar hur barnmorskan agerar vid en födsel. Vi vägleder, är rådgivare, mentorer, uppmuntrar, erbjuder enkla verktyg och processer och håller oss ur vägen så att människorna inne i organisationen kan nå in till den visdom som finns där. Hundra procent av de organisationer vi arbetat med har fått tillgång till medarbetarnas visdom och de har förvånat sina chefer med sitt fokus på lösningar för optimala prestationer. I tillägg har man genom att involvera personalen i att utveckla lösningar, från ledningens sida inte behövt lägga energi på att övertyga dem att göra det arbete som krävs för att genomföra lösningarna. Deras engagemang för genomförandet uppstod när de deltog i att lista ut lösningarna. Som en extra bonus så får de ledare som varit gifthanterare en nystart i livet, när de inte längre behöver vara en buffert mellan sin personal och förgiftningen.

Många individer och organisationer är förgiftade, så du är inte ensam om att börja förstå om du eller din organisation är hälsosam och balanserad eller om du nått så långt som är möjligt att nå på grund av förgiftning. Förgiftning är ett hinder för optimal effektivitet som man kan ta sig förbi när individer och organisationer arbetar för detta, genom att sköta om sin balans, rena och tillföra näring. Detta skapar de förutsättningar som livskraften behöver för att göra sitt naturliga arbete. Det är enkelt att säga och kan vara enkelt att göra så länge vi inte kämpar emot resan mot vår optimala hälsa. Av olika orsaker så verkar individer kämpa emot den här resan och det gör organisationer också.

Mönster för optimal hälsa ... min relation till organisationer

Jag har också lärt mig att varje organisation som jag skulle kunna tillhöra, kanske inte passar för mig, varken att fortsätta vara en del av eller att ansluta mig till, även om mönstret för organisationens optimala hälsa finns inom den. Ibland är organisationens natur helt enkelt sådan att jag inte stämmer överens med den och jag kan känna att det inte fungerar för mig. Själva organisationen är bra. Jag bedömer den inte som bra eller dålig. Jag passar helt enkelt inte lika bra ihop med några, som jag gör med andra. Ja, jag gick igenom en skilsmässa och gifte jag om mig för tio år sedan. Jag passade inte särskilt bra ihop med det första äktenskapet. Jag har funnit det som verkligen passar mig i mitt nuvarande äktenskap. Båda äktenskapen hade ett mönster för sin optimala hälsa och ändå kunde den optimala hälsan i det första inte uppnås, medan den optimala hälsan i mitt nuvarande äktenskap finns där hela tiden. Jag har deltagit i vänskapsförhållanden, team och grupper som jag aldrig känt mig hemma med, i sådana som stämt under en tid och i sådana där jag alltid känner mig hemma. I varje enskilt fall har mönstret för optimal hälsa funnits, men ändå nåddes det inte i några av grupperna. Förgiftning kan finnas i organisationer, precis som i människokroppen. Och liksom hos individen, så är vägen till avgiftning av den interna terrängen i en organisation relaterad till vad tankar och åtföljande ord fokuseras på.

Jag kommer ihåg en historia som min vän Debbie berättade för mig om att helt avstå från negativt prat under fastan. Hon gick till de grupper hon tillhörde och när samtalet blev negativt om någon eller något, så deltog hon inte. Hon upptäckte att efter två veckor så blev hon inte längre inbjuden till gruppmötena, för hon passade inte in. Hon var en person som hade modet att välja hälsa och balans och de individer som var allierade med förgiftningen ville inte ha henne där. Vad skulle ha behövts för att gruppen skulle nå sin optimala hälsa och balans? Människor som tror på individens kraft skulle ha sagt att Debbie, med hjälp av fulla kraften av sin ledarskapsförmåga, hade kunnat hålla greppet tillräckligt länge för att skapa en förändring där hela gruppen anslutit sig till henne. Människor som tror på teorin om kritiska massan eller den tändande gnistan, skulle säga att när en viss procent av medlemmarna i en grupp också beslöt sig för att sluta med negativt prat, så skulle en förändring ske i hela gruppen. Båda dessa synsätt kan ta tid. Människor som tror på mirakel skulle säga att en förändring, till exempel en fullständig avgiftning, skulle kunna ske på ett ögonblick, särskilt om två eller flera önskar optimal hälsa och balans för gruppen. Det finns bevis som stödjer alla de här övertygelserna.

Vid det här tillfället följde inte Debbie sin önskan att gruppen skulle nå sitt mönster för optimal hälsa, det var enklare för henne att ansluta sig till andra grupper och gå ur denna. Vi gör alla sådana här val emellanåt. I andra grupper, till exempel en parrelation eller en familj eller ett intakt arbetslag där man investerat mera, är det troligt att valet blivit annorlunda.

Oavsett vilken storlek eller typ av organisation som du är med i och om du tror på att mönstret för dess optimala hälsa existerar och du vill nå det, så behöver du antagligen göra en del personligt arbete. Till en viss grad så hindrar du, precis som övriga inblandade, dig själv, ditt äktenskap, din familj eller ditt arbetslag från att nå fram till sin optimala hälsa. För att göra din del av arbetet med att nå optimal hälsa, så måste du vilja det, mobilisera ditt mod att tillåta dig själv att förändras emotionellt, själsligt, mentalt och fysiskt och sedan hitta sätt att avgifta dig, ge dig själv näring och skapa balans för dig själv.

Nyckeln till en sådan förändring verkar vara att ta kommandot över sina egna tankar. Det finns många resurser tillgängliga som kan hjälpa dig med detta. Jag vet att du kommer att hitta de som är rätt för dig. Jag har dragit mina egna slutsatser om tankar. Mina tankar kommer oupphörligt. När jag inser att de far iväg till ställen som drar mig in i negativitet, så kan jag justera fokus för tankarna. Trots min önskan om att bara ha tankar som känns bra, så dras jag tillbaka till tankar som för mig in i negativitet, om jag inte är fokuserad på vilken typ av tankar jag har och leder om dem när de börjar gå dit jag inte vill. I början tog detta massor av energi. Nu är det lättare att "korrigera kursen" för mina tankar.

Jag har insett att tankar dras till mönster av information. De informationsmönster som vi har valt att ansluta oss till är den främsta attraktionskraften för våra nuvarande tankar. Om jag skapat en anslutning till ett informationsmönster om något jag anser är negativt, så går mina tankar först till det informationsmönstret. Jag konstruerar och använder en perceptuell lins som jag ser min värld igenom. Jag använder naturligtvis inte bara en lins i taget. Eftersom jag är en människa så är jag mer komplicerad än så.

Påminnelse till mig själv: Jag väljer att ta kommandot över mina tankar och byta ut mina tankemönster så att jag inte tillåter mig att fångas i en bur av mitt eget mentala fokus.

Din tur

1. Om det som presenteras här är sant, vad skulle jag då se?
2. Om det som presenteras här är sant, vad skulle jag då höra?
3. Om det som presenteras här är sant, vad skulle jag då känna?
4. Om det som presenteras här är sant, vad skulle jag då veta?
5. Om det som presenteras här är sant, hur skulle det då kunna påverka mitt ledarskap?

Optimal hälsa genom tankar, informationsmönster och perceptuella linser

För att du ska få egna upplevelser när du läser det här kapitlet, inbjuder jag dig att reflektera över

1. Vilken färg kommer du att tänka på?
2. Vilken textur kommer du att tänka på?
3. Vilken metafor kommer du att tänka på?
4. Vilken dansrörelse kommer du att tänka på?
5. Vad lär du dig om genuin kontakt?

När du läser följande ord om tankar, informationsmönster och perceptuella linser, så kom ihåg att jag gjorde min resa med att lära mig att ta kommandot över mina tankar, för att anpassa mig till övertygelser som skulle tillåta mig att nå fram till mönstret för min optimala hälsa som individ och i alla de grupper där jag deltar.

När jag vaknar på morgonen, känns det som om jag anländer till en ny dag utan att veta varifrån jag kommer. Jag vet att jag kommer från sömnens och drömmarnas land och jag vet inte var det är. När jag vaknar gör jag en snabb kontroll av min verklighet och börjar med en extern inventering. Jag känner mig trygg när jag vet att Ward finns bredvid mig och när han inte är där så letar jag igenom mitt minne för att komma ihåg var han är. Jag blir medveten om tiden och vädret och om vi är hemma eller på ett hotellrum. Vi har designat vårt sovrum så att det ser ut som ett hotellrum, komplett med kaffebryggare, för vi tillbringar så mycket tid i hotellrum att vi skämtsamt tyckte det passade oss.

Min checklista går sedan över till en intern genomgång och börjar med eventuella omedelbara minnen. Det är i detta ögonblick som jag ibland minns att jag har förlorat något eller varit oense med någon, har upplevt en besvikelse eller något som gjort mig ledsen eller glad. I uppvakningsögonblicket så har jag ingen av de här känslorna. Det är när jag går igenom min checklista som jag kommer ihåg de känslor jag hade under gårdagen i relation till händelserna i mitt liv och på något sätt återskapar jag de här känslorna, går tillbaka rakt in i dem och känner mig plötsligt ledsen eller glad eller besviken trots det faktum att ingen verklig händelse under den nya dagen skapat de känslor jag nu upplever.

Fram tills nu har min checklista hjälpt mig anlända till min nya dag genom information om min fysiska omgivning och om de känslor som jag senast hade. Jag skapar en slags länk till den fysiska omgivningen och till känslorna, som trådar som förankrar mig i ankomsten till min dag. Det leder fram till fysiska symptom av mitt känslotillstånd, kanske en orosknut i magen som värker. Jag kanske upptäcker att jag har en självkritisk röst som dominerar i mitt huvud och försäkrar mig att jag har ställt till det genom något jag gjort eller sagt och mitt fysiska svar blir att krypa ihop i något som liknar flykt- eller förlamningstillstånd. Jag kanske upptäcker att jag känner mig ganska lycklig och till freds med min värld och mitt fysiska gensvar blir en bekväm katt-liknande stretch. Hela processen med min checklista tar mindre än en minut. Under den korta tiden har massor hänt, som framkallat tankar, känslor och fysiska tillstånd. Detta verkar ske som en automatisk uppspelning innan jag verkligen anländer till min dag. En sekund senare inser jag att jag anlänt till dagen. Var det nanosekunder som passerade? Var det en evighet som passerade? Det hände så mycket att jag aldrig säkert vet. Både mitt fysiska och känslomässiga tillstånd är som om jag just i det här ögonblicket varit med om ett antal verkliga och upplevda händelser. Ändå vet jag att jag inte har det. Jag anländer helt enkelt till mitt vakna tillstånd, till min dag.

I det ögonblicket är jag medveten om att jag är i ett neutralt, lycksaligt tillstånd. Jag är medveten om det under det här korta ögonblicket. Jag tror att du också befinner dig i ett sådant tillstånd i det här ögonblicket, oavsett vad som pågår i ditt liv. Jag inbjuder dig att bli medveten om det här ögonblicket som inträffar precis innan du anländer till din dag. Vad innebär din ankomstprocess? Liknar den min? Upptäcker du ibland knuten i magen, sorgsenheten, lyckan, även om det just då inte hänt något som skulle föra in dig i det tillståndet?

Jag har insett att det jag gör i den stunden, innan jag kan börja röra på mig, binder ihop mig med informationsmönster som finns i huvudet. De här informationsmönstren, när jag väl nått in till dem, innefattar min fysiska och emotionella medvetenhet i så hög grad att det är som om händelsen som ursprungligen lockade fram gensvaren, har hänt igen.

Tidigare i livet var jag omedveten om den här ankomstprocessen och klev bara ur sängen och tog med mig resultaten av de informationsmönster jag anslutit mig till på ett omedvetet sätt. Jag hanterade alla livssituationer under dagen från den perceptuella lins som skapades av min anslutning till de här informationsmönstren. Jag tror du kan föreställa dig hur jag behandlade människor när jag uppfattade händelserna under dagen genom en perceptuell lins som var ansluten till informationsmönster som skapade ilska, sorg eller oro. Det här sättet att börja dagen var inte bra för mig, för de som fanns runt mig eller för mitt arbete och ibland resulterade det i onödiga svårigheter för människor runt mig.

Idag gör jag en paus innan jag kliver ur sängen och uppmärksammar medvetet min inre ankomstprocess (till min dag). Jag önskar jag kunde säga att jag behåller det neutrala, lycksaliga tillståndet från sömnen in i ankomsten till dagen och genom hela dagen. Jag klarar ännu inte att göra det även om jag försöker. Jag är fortfarande i ett stadium där jag måste använda en medveten process för att kommendera mina tankar att välja lycka, oavsett vilket mönster min hjärna försöker ansluta mig till. Genom att medvetet välja lycka, förstärker jag det mönstret så att det alltid finns med bland mina alternativ i ankomstögonblicket.

Jag kan välja att ansluta mig till informationsmönstret för lycka och de flesta morgnar är det mitt val. Jag har upptäckt att jag kan göra medvetna val inom den verklighet som finns i de informationsmönster som jag har tillgång till och att jag kan förstärka de vägar som skapas av medvetna val, så att anslutningarna blir mer och mer automatiska. Nu för tiden väljer jag i min ankomstrutin på morgonen, oavsett vilka informationsmönster som visar sig, att vara i ett tillstånd av kärlek till mig själv, kärlek till min livskamrat och i tron på att alla händelser under dagen, oavsett hur de ter sig, är verkliga välsignelser i sina olika skepnader. Jag tror du kan föreställa dig hur detta påverkar mina perceptuella linser när jag tar mig an dagen.

Min medvetna uppmärksamhet på den här processen inleddes när jag studerade för en av mina favoritlärare, bortgångna dr Angeles Arrien. Hon lärde mig att en bra övning innan jag steg upp på morgonen, var att stanna upp och undersöka om jag befann mig i ett tillstånd av kärlek till mig själv eller av självkritik. Hon vägledde mig att stanna i sängen tills egenkärleken var större än självkritiken, även om nivån var 51% egenkärlek och 49% självkritik. Jag började göra detta och upptäckte genom detta att den självkritiska rösten, även så tidigt på morgonen, ofta var den starkaste rösten.

Att acceptera lärdomen var det första steget. Självkännedom var andra steget och i mitt fall följdes det av en liten chock över att jag inte vetat detta om mig själv. Jag började stanna i sängen på morgonen för att kontrollera andelen egenkärlek/självkritik och om egenkärleken var större så steg jag upp, mycket nöjd med mig själv. Men oftare var självkritiken starkare och då stannade jag i sängen och gjorde det som krävdes för att få ordning på mina tankar genom att använda fantasin.

Fantasi är ett kraftfullt verktyg. Jag föreställde mig den kärlek som jag känt för ett av mina spädbarn och lät tankarna flytta tillbaka åtskilliga år till småbarnstiden. När jag låst fast mig vid den känsla jag hade i huvudet, använde jag min fantasi för att flytta den till mitt hjärta. När känslan fastnat i mitt hjärta, föreställde jag mig att samma känsla spred sig i hela kroppen. Ibland kunde jag inte nå den totala känslan av kärlek, vilket fick självkritiken att gå igång igen, för att jag nu inte ens kunde göra den här läkande övningen rätt. Så jag tog ett djupt andetag och började om, kommenderade mina tankar att ansluta sig till känslan av kärlek och få den förankrad i hela kroppen. Inte förrän då klev jag ur sängen, beredd att delta i dagens händelser med de perceptuella filter som stämde med tillståndet av kärlek. Jag har övertygelsen att om jag bestämmer att mina tankar ska ansluta sig till informationsmönstret för kärlek eller lycka och jag möter livet med den perceptuella linsen, så kan jag möta alla situationer med perspektivet att jag kommer att vara lycklig.

Jag vill inte avskräcka dig, men jag måste erkänna att processen med att nå det här tillståndet på ett konsekvent sätt under merparten av morgnarna, tog mig åtskilliga år. Det var värt besväret och det kanske inte alls tar lika lång tid för dig. Min självkritiska röst var mycket högljudd. När jag inte med lätthet kunde nå mitt morgontillstånd av egenkärlek, så hörde självkritiken av sig. När jag lämnade sovrummet och något hände som jag blev frustrerad över, så hörde min självkritiska röst av sig. När jag kämpade för att tysta den självkritiska rösten under dagen, så blev den bara mer högljudd, för nu misslyckades jag med att stanna kvar i mitt valda tillstånd av lycka. Jag tror att i den nya tidens övertygelseprocess så skulle man referera till detta som den nya tidens skuldkänslor. Ur ett kristet perspektiv så skulle man tänka på det som synd, att inte kunna älska sin nästa så som sig själv. Det skulle ge skuldkänslor. Skuld orsakar mer självkritik, inte mer kärlek. Att kämpa verkade kontraproduktivt så jag letade efter något som skulle kunna fungera.

Under letandet drog jag slutsatsen att alla människor här på jorden har laster. Det finns missbruk av olika substanser, där man använder olika metoder för att ta sig ur missbruket, inklusive gruppstöd och abstinens från substansen. Jag läste att det missbruk som är svårast att ta sig ur är beroendet av mat, för en människa kan inte avstå från att äta, eftersom mat är nödvändigt för att överleva. Jag funderade över missbruk som inte är av fysisk natur utan emotionella, själsliga eller mentala. Jag var beroende av den självkritiska rösten och abstinens från självkritiken var inte möjligt, för min tankeverksamhet pågick ständigt. Jag var även beroende av oro. Jag iakttog alla omkring mig för att se om jag kunde avgöra om de led av ett missbruk och kanske för att jag iakttog dem, så såg jag missbruk överallt. Några var beroende av berättelsen om sig själv som offer, andra var beroende av perfektionism, några var beroende av att vara eller verka upptagna och hela tiden ha stressigt arbete och andra av oro och stress.

När jag insåg detta, lade jag märke till, som om det var för allra första gången, att på den affisch jag hade på mitt kontor stod det: "Säg inte till mig att lugna ner mig, det är stressen som håller ihop mig". När jag satte upp den var den rolig. Nu, med min nya medvetenhet, var den inte rolig längre. Jag visade upp ett missbruk som jag hade. Ungefär samtidigt berättade min son Aaron för mig att jag oroade mig för allt möjligt i onödan. Han önskade att jag slutade oroa mig så mycket. Ett annat av mina missbruk som var relaterat till stressen, hade identifierats.

Det krävs mod att bli medveten om något, inte för att det är svårt att möta sanningen, utan för att det signalerar behovet av att göra ett val. Jag kunde ha valt att förneka innebörden i min nya medvetenhet. När jag nu kände till mina missbruk, så skulle förnekelsen inte ha varit en bekväm plats att vara på och jag skulle troligen ha lagt till fler missbruk som alkohol, mat eller tevetittande, för att få hjälp att stanna i förnekelsen. Jag kunde ha valt att göra något åt mina missbruk och det var det valet jag gjorde, påeldat av mod och med insikten att det innebar att jag måste omfamna förändring.

Jag valde att arbeta med mitt beroende av oro. Jag köpte en rulle med femtio mynt och placerade dem i min ena byxficka. Varje gång jag noterade att mina tankar innehöll oro, så flyttade jag ett mynt till andra byxfickan. Ofta flyttade jag mynten 300-400 gånger på en dag. Min självkritiska röst bröt in ett antal gånger och jag var tvungen att säga till den att vara tyst och säga till mig själv att jag var duktig. Jag tvekade inte och tillät inga skuldkänslor. Jag valde att anta övertygelsen att jag kunde kommendera min självkritiska röst och att den skulle lyda. Varje kväll skrev jag upp antalet mynt jag flyttat och associerade dem med den mängd personlig energi som jag använt till mitt beroende av oro, istället för till kreativa syften. Jag skapade mig en bild av 1000 enheter potentiell kreativ energi under en dag och när jag använt 400 enheter till oro, så hade jag minskat min tillgängliga kreativa energi till bara 600 enheter, verkligen ett fall från 1000.

Efter två veckor med den här dagliga övningen med mynt för att bli medveten om när mina tankar automatiskt for iväg till oro, som om det var deras förinställda värde, så upptäckte jag att jag flyttade under 100 mynt per dag. I slutet av den tredje veckan så flyttade jag under 50 mynt per dag. Vid den tidpunkten så verkade det som om mitt beroende av oro helt enkelt gick upp i rök och det har inte återvänt under det decennium som gått sedan dess. Nåja, vid vissa tillfällen, när det är berättigat av en viss händelse, så kan jag oroa mig för någon jag älskar eller för att leda en kurs nästa dag, där uppdragsgivaren ändrat något i sista minuten och vi har fått planera om i farten. Jag anser att den sortens oro är normal och den varar inte länge. Jag känner inte längre att jag dras till oro, som något jag gör närhelst mitt huvud inte är upptaget. Det här informationsmönstret har nästan ingen dragningskraft på mig. Jag säger inte att det inte finns i periferin i mitt huvud. Jag säger bara att dess dragningskraft på mina tankar har minskat mycket, på grund av att jag gjorde ett medvetet val att inte längre alliera mig med det här attraktionsfältet.

Mitt beroende av oro var inte det enda informationsmönster som drog i mina tankar och fick mig att vilja gå dit. Det fanns andra som också stoppade mig från att nå fram till mönstret för min optimala hälsa och som skapade oreda och förgiftning. Eftersom jag nu hade bättre kontroll på mina tankar, så fick det arbete jag gjorde med oron också god effekt när jag ville styra mina tankar i positiv riktning, oavsett vilka informationsmönster som drog i mig.

Min erfarenhet säger mig att jag under en dag, hela tiden allierar mig med och drar mig bort från olika informationsmönster. Jag är tacksam för att jag är mer medveten om min process med detta och att jag vet om att de informationsmönster jag ansluter mig till, påverkar hur jag uppfattar händelser och människor. Genom att röja bort den här förgiftningen i mig, så har jag med mig ett renare jag till alla relationer i alla organisationer där jag deltar. Jag känner till och med att genom att fokusera på att styra mina tankar med syftet att uppnå min optimala hälsa och balans, så har jag ändrat min medvetenhet till ett mer expansivt tillstånd.

Påminnelse till mig själv: Jag ämnar ändra min medvetenhet till ett mer expansivt tillstånd, genom att göra en daglig kontroll av ifall jag tar med mig ett rent jag till alla relationer och organisationer där jag är med. Jag ämnar också klara av att göra detta i min relation med mig själv, vilken är den jag haft svårast med i det förgångna.

Reflektera gärna över det här kapitlet genom att upptäcka dina svar på följande frågor:

1. Om det som presenteras här är sant, vad skulle jag då se?
2. Om det som presenteras här är sant, vad skulle jag då höra?
3. Om det som presenteras här är sant, vad skulle jag då känna?
4. Om det som presenteras här är sant, vad skulle jag då veta?
5. Om det som presenteras här är sant, hur skulle det då kunna påverka mitt ledarskap?

Anteckningar

KAPITEL TVÅ

Hälsa och balans för optimal effektivitet

Jag anser att fokusering på genuin kontakt gör det möjligt för individer och organisationer att nå den individuella och organisatoriska hälsa och balans som krävs för optimal effektivitet

För att du ska få egna upplevelser när du läser det här kapitlet, inbjuder jag dig att reflektera över

1. Vilken färg kommer du att tänka på?
2. Vilken textur kommer du att tänka på?
3. Vilken metafor kommer du att tänka på?
4. Vilken dansrörelse kommer du att tänka på?
5. Vad lär du dig om genuin kontakt?

Att få tillgång till VAR-andets glädje

Idag stannar många människor kvar, oavsett orsak och upprätthåller tillstånd av flykt, strid eller förlamning, vilka samtliga orsakar fysiska reaktioner. De här tillstånden är viktiga i nödsituationer men omöjliga att upprätthålla under längre perioder utan att man förlorar den genuina kontakten med sitt innersta jag. När vi förlorar kontakt med vårt äkta jag, så är vi bara delvis närvarande, tillgängliga och engagerade. Jag har mött så många människor som bara delvis deltar i livet. Jag har arbetat med så många organisationer som inte kan dra full nytta av befintliga medarbetare, för att de här individerna bara delvis deltar i livet. När det finns genuin kontakt, så uppnår man hälsa och balans både hos individer och organisationer. Positiva hållbara förändringar i organisationer står i direkt relation till positiva förändringar hos individer. Båda nivåerna krävs för att få hälsosamma, hållbara och ofta innovativa arbetssätt.

Vad innebär genuin kontakt? Det är den process som hjälper oss nå äkta glädje i relationen med sig själv, med någon annan person, med ett kollektiv och med Skaparen (källan) och skapelsen.

Vägen till "Jag vet vem jag är"

Varför söker människor efter att få veta "Vem är jag"? I gamla testamentet frågar Moses Gud vem han är, så att profeten kan berätta för sitt folk vem som lovar att ta dem ut ur fångenskapen i Egypten. Guds svar är: "JAG ÄR DET JAG ÄR." Jag tror att när vi kommit till slutet av vårt eget

sökande för att få veta vilka vi är, så blir det huvudsakliga svaret även här: "JAG ÄR DET JAG ÄR."

Varför har det varit så svårt för mig att reda ut vem jag är? I min coachning av tusentals människor så har jag upptäckt att mitt sökande delas av många andra. Några verkar få kunskap om vilka de är utan ansträngning, medan andra upplever svår kamp och smärta när de ska reda ut svaret på sin fråga. Medan jag fortsätter att förflytta mig in i mitt fulla jag, inklusive in i min förståelse av vem jag är, så lär jag mig mer om genuin kontakt och hur man kan vara i genuin kontakt. Ju mer jag lärt mig om att vara i genuin kontakt med mig själv, andra och Skaparen, desto mer har jag kunnat förbli i ett tillstånd av glädje. Ju mer jag kunnat stanna kvar i tillståndet av glädje, desto enklare har min väg blivit.

När jag såg djupt in i ansiktena på mina små barn och barnbarn, så var det tydligt att de var nöjda med att bara vara sina mest underbara jag. Jag tror uppriktigt att småbarn är i genuin kontakt med Skaparen och skapelsen. De kanske minns det glädjefyllda tillstånd av sällhet, som deras själar nyligen upplevt i känslan av enighet med Skaparen. Småbarn verkar inte heller ha svårt att vara i genuin kontakt med andra eller med sig själva. Jag vet inte om de befinner sig i genuin kontakt med människokollektivet på jorden, men jag tror att det också stämmer. En baby verkar vara i ett naturligt tillstånd av frid och sällhet. Man kan överraska en baby genom att blåsa den i ansiktet. När responsen kommer, så verkar barnets naturliga tillstånd av frid och sällhet försvinna för en stund.

När tiden går så utvecklar små barn reaktioner för "strid, flykt eller förlamning" i farliga situationer. Om situationen är verkligt farlig, så är det nödvändigt. De här reaktionerna, som behövs i farliga situationer, övergår till automatiska reaktioner när barnet blir vuxet och många situationer uppfattas som farliga, oavsett om de verkligen är det eller inte. Många vuxna verkar ha fastnat i flykt, strid eller förlamning och skapat murar mot ett mer naturligt tillstånd av frid och sällhet. Istället för att fokusera på varför vuxna fastnat i reaktioner av rädsla, så är det bättre att fokusera på metoder att ta sig förbi den automatiska rädsloreaktionen och hitta sätt att återfå glädjen. Det går att ta sig förbi murarna och hitta vägar till glädjen, genom att fokusera på att lära sig att vara i genuin kontakt.

Under min egen resa för att få veta vem jag är, så har det hjälpt mig att kunna identifiera fyra olika men sammankopplade cirklar av relationer. De handlar om att skapa genuin kontakt med mig själv, med andra personer individuellt, med ett kollektiv och med Skaparen, som jag talar om som Allt-det-som-är, Ursprunget, Källan och Moder/Fader Gud. Här följer insikter jag fått, som kan vara användbara för dig på din egen resa.

Påminnelse till mig själv: Ord är begränsande och jag väljer att använda ordet Skaparen. Det ordet kommer ändå inte att passa alla människor. Jag vill inte gå in på religiösa begrepp för varje människa har sin egen tro. Ändå vet jag att skapandet av genuin kontakt med denna högre makt är ytterst viktigt. Kanske kommer jag att hitta fler sätt att presentera den här principen, som kan gå utöver religiösa traditioner.

Din tur.

1. Om det som presenteras här är sant, vad skulle jag då se?
2. Om det som presenteras här är sant, vad skulle jag då höra?
3. Om det som presenteras här är sant, vad skulle jag då känna?
4. Om det som presenteras här är sant, vad skulle jag då veta?
5. Om det som presenteras här är sant, hur skulle det då kunna påverka mitt ledarskap?

Anteckningar

Genuin kontakt med jaget

För att du ska få egna upplevelser när du läser det här kapitlet, inbjuder jag dig att reflektera över

1. Vilken färg kommer du att tänka på?
2. Vilken textur kommer du att tänka på?
3. Vilken metafor kommer du att tänka på?
4. Vilken dansrörelse kommer du att tänka på?
5. Vad lär du dig om genuin kontakt?

Identifiera din världsbild

Allt du lär dig med the Genuine Contact Way, kommer du att förstå utifrån perspektivet av din världsbild. Som nämnts, så har vi alla personliga ståndpunkter, som påverkar hur vi tar in information och hur

vi delar den med andra. Varifrån kom
den grundläggande konstruktionen av
våra övertygelser? Eftersom jag arbetat
med många människor som varken tagit
sig tid eller haft energi att undersöka sina
världsbilder, så menar jag att det är av
yttersta vikt att göra detta. Våra övertygelser
är rotade i våra världsbilder och om de
bestämmer vad vi vill åstadkomma i våra liv, så behöver vi förstå dem.

I boken The Seven Mysteries of Life, finns det en världsbild som antar
att mänskligheten försöker upptäcka svaren på de sju livsmysterierna och
att både forskning och religion försöker ge oss svar.[3]

1. Universums abstrakta beskaffenhet
2. Det inbördes förhållandet mellan alla varelser
3. Det allestädes närvarande livet
4. Polaritetsprincipen
5. Bortom mänskligt vetande
6. Världarnas uppkomst
7. Gudomlighet

Detta är ett exempel på en världsbild från vilken övertygelser, anta-
ganden, beteenden och handlingar har utvecklats.

I olika böcker, bland dem *The Message of the Divine Iliad*, delar
den bortgångne amerikanske forskaren och filosofen dr Walter Russell
berättelser som uppstått ur hans världsbild om att all kraft kommer från
EN, blir använd och slutligen återgår till denne ENDE, med insikten
att världen befinner sig i rörelse.[4]

Även denna världsbild, som delas av dr Russels efterföljare, har
resulterat i övertygelser, antaganden, beteenden och handlingar.

Kristna, judar och muslimer definierar sina världsbilder genom att bekräfta att i början fanns Ordet och att ordet kom från denne ENDE och sedan blev det rörelse.

New Age-tänkare beskriver sin världsbild som att den består av massiva ljusvågor som nu kommer in i vår dimension. De försäkrar att hela mänskligheten börjar känna påverkan av att vi alla verkligen är sammanlänkade med allt liv. Det som påverkar en, påverkar alla.

Jag tror att allt detta kommer att förbli ett mysterium. Ändå har var och en av oss inom detta mysterium antagit eller skapat en världsbild, från vilken våra egna övertygelser, antaganden, handlingar och beteenden utgår. Vare sig du är religiös eller inte så har din världsbild blivit påverkad av religion. Det verkar som att när tillräckligt många samtycker om en uppsättning regler som skapar informationsmönstret hos en världsbild, så formas en samstämmig verklighet, som andra kan dras till eller inte.

Jag tror det är bra att jag delar min världsbild med dig så att du kan bestämma hur hög grad av samstämmighet du känner, utan att behöva gissa dig till från vilken världsbild den här boken är skriven. På det här sättet kan du göra ett väl underbyggt val om nivån på det engagemang du vill ha med the Genuine Contact Way, eftersom den är påverkad av min världsbild. Vi ser alla världen genom våra egna filter. I mitt åtagande att visa integritet, så känner jag att det är nödvändigt att dela de filter jag skriver genom. Jag vill inte manipulera någon genom att låta min världsbild skapa ett undertema som inte är transparent. Jag tror att sådan transparens hänger samman med att verka med integritet. Jag kan bara berätta om de filter som skapats av min världsbild och som jag är medveten om och be om ursäkt om du märker att jag har andra filter som kanske ligger utanför min medvetenhet, i övertygelsernas domäner, pådrivna av det som benämnts det undermedvetna. Vilken kraftfull processor det undermedvetna är!

Följande är aspekter av den personliga världsbild jag har just nu:

- Mänskligheten skulle varit mer medvetet utvecklad om inte andligheten blivit skild från vetenskapen.

- Livet förbättras när vi arbetar från en fysisk, emotionell, mental och själslig medvetenhet, tillåter bevis från det fysiska och även sådana som inhämtas genom tankar, känslor, intuition och djupt vetande, även om det inte kan mätas.

- Alla religioner arbetar med att förklara livet och de har en hel del gemensamt med varandra när de återgår till sina grundläggande övertygelser. Det kristna perspektivet är det jag känner till bäst och trots att jag tagit till mig många andra religioner och trossystem, så är min världsbild mest påverkad av den kristna världsbilden i dess mest grundläggande form med Jesus verkliga ord som predikar kärlek.

- Vetenskapen arbetar för att förklara livet och kör ett parallellspår till religionen vad gäller detta, utan att vetenskapen förmår förklara religionen eller vice versa.

- Framgångsrik utveckling av våra organisationer och mänskligheten är beroende av den inre utvecklingen hos de individer som är berörda.

Det är upp till dig att besluta hur mina uttalanden om de här aspekterna av min världsbild känns för dig.

Påminnelse till mig själv: Den här avdelningen om aspekter av min världsbild känns så viktig att dela och ändå har den varit svår att skriva. Jag undrar om jag helt enkelt förklarar något som är uppenbart för människor och inte behöver sägas.

Din tur.

1. Om det som presenteras här är sant, vad skulle jag då se?
2. Om det som presenteras här är sant, vad skulle jag då höra?
3. Om det som presenteras här är sant, vad skulle jag då känna?
4. Om det som presenteras här är sant, vad skulle jag då veta?
5. Om det som presenteras här är sant, hur skulle det då kunna påverka mitt ledarskap?

Anteckningar

Etablera en
balanserad grund

För att du ska få egna upplevelser när du läser det här kapitlet, inbjuder jag dig att reflektera över

1. Vilken färg kommer du att tänka på?
2. Vilken textur kommer du att tänka på?
3. Vilken metafor kommer du att tänka på?
4. Vilken dansrörelse kommer du att tänka på?
5. Vad lär du dig om genuin kontakt?

Dr Angeles Arrien erbjöd i sitt arbete *The Four-Fold Way* om ursprungsbefolkningarna på jorden, ett enkelt värderingsverktyg för att bestämma om du har, vad hon kallar rätt relation med dig själv. På din resa för att skapa genuin kontakt med dig själv, så är besvarandet av de här frågorna en bra startpunkt som är lätt att börja med. Hon ställer fyra frågor:

1. När i livet slutade du dansa?
2. När i livet slutade du sjunga?
3. När i livet slutade du älska att berätta och lyssna till berättelser?
4. När i livet började du bli rädd för tystnaden?[5]

Jag sa att de här frågorna var enkla och att de gör det lätt att börja nå ett tillstånd av genuin kontakt med sig själv. Du tycker kanske att de är enkla och djupgående. Personligen anser jag att detta är enkla frågor som är mer djupgående än sådana som är komplexa, inte beroende på frågorna utan beroende på det djup som svaren kan generera. Dessa djupa frågor skapar en fantastisk inkörsport till vägen för att nå genuin kontakt med sig själv.

När jag först hörde frågorna, stoppade jag naturligtvis upp för att granska mitt eget liv just då. Jag insåg att jag inte har slutat dansa. Det var goda nyheter. Några år senare när jag mötte Ward och han sa att han hoppades det var okej för mig att han inte dansade, så tog jag ett djupt andetag. Hur skulle jag kunna fortsätta dansa om min livskamrat inte dansade? Skulle jag ge upp den del av mig själv som dansen representerade? Jag hade inte behövt få panik. Det visade sig att han, trots få tidigare tillfällen att dansa, klarade det bra och hans kärlek till mig fick honom att dansa med mig. Idag när vi gör våra Y-Dan's (en form av tai-chi) på morgonen, så gör vi om de sista rörelserna till danssteg som vi tar tillsammans och jag känner sådan glädje att min make, som sa att han inte kunde dansa, faktiskt dansar med mig varje morgon. Så jag är nöjd med min dansdel.

Jag slutade sjunga när jag var omkring tolv år gammal och såg rapporten från skolan. Jag älskade skolan och min lärare. Hon hade skrivit i min rapport att jag älskade att sjunga och det var så synd att jag sjöng falskt. Jag trodde att hon gav mig komplimanger när hon sa att jag älskade att sjunga. Vid tolv års ålder insåg jag att det inte var komplimanger. Detta kanske inte verkar vara något märkvärdigt uttalande och om jag varit mera i kontakt med mig själv, så skulle det inte ha hindrat mig. Vid den här tiden var jag emellertid en blyg ungdom utan tillräckligt självförtroende så jag slutade helt enkelt att sjunga. Den här fasen, när jag övergav delar av mig själv, varade i över ett decennium och när sedan barnen föddes, så återfann jag min röst för att kunna sjunga de vaggvisor som de behövde för att somna. Doug (min förste make) spelade gitarr och vi sjöng ... vi sjöng mycket. Så jag är nöjd med den sjungande delen av mig.

Jag har aldrig slutat älska berättelser, att läsa och att berätta. I hela mitt liv har jag varit en hängiven läsare. Jag har insett att berättelserna i de böcker jag läste, bidrog till att hålla mig vid mina sinnens fulla bruk under några mycket svåra perioder. Jag kunde vara riktigt uppjagad och genom att läsa en berättelse, så gick jag in i den känslomässigt och mina känslor blev lugna och balanserade under tiden. Jag upptäckte att berättelser var exceptionellt läkande för mitt liv.

Min stora fråga var tanken på att älska tystnad. Frågan om när jag slutade älska tystnaden, ställdes till mig när jag var 37. Jag bävade för att tänka mig att någon kunde älska tystnaden. I relationen med min mor, med början när jag var ett litet barn, så användes tystnad som ett effektivt straffredskap. Jag kunde upptäcka att jag hamnat i situationer där straffet var en dags tystnad eller till och med fem dagars tystnad. Som längst varade det i två år. Jag gillade verkligen inte tystnad och uppfattade alla tysta ögonblick som ett straff. Det här resulterade i att jag under tonåren var mycket aktiv med mina vänner. Ibland skapade jag så mycket aktivitet att det nästan var lika hektiskt som en ständigt pågående fest. Denna nivå av aktiviteter fortsatte när jag blev vuxen, med min familj, mina vänner och mitt arbete. Frågan om när jag slutade älska tystnaden, irriterade mig verkligen. Jag måste ha varit beredd att lyssna på frågan, för jag uppmärksammade den när jag hörde den. Jag måste ha varit beredd att lyssna till den utifrån min respekt för Angeles Arrien eller för att jag var redo att höra den i mitt sökande efter genuin kontakt med mig själv eller troligen på grund av en kombination av båda alternativen. Jag undrade vilka alla utvecklade och outvecklade delar av mig själv var, som var fastbundna vid min rädsla för tystnad. Jag önskade verkligen att bli hel och beslöt att jag skulle ta reda på hur jag skulle kunna börja älska tystnad.

Jag är inte en person som gör saker halvdant. Jag såg till att få ledigt från arbetet, skaffade barnvakt och sköt upp allt annat i livet. Jag registrerade mig för vad som kallas tyst retreat och som erbjöds hos jesuiterna i grannstaden. Det fanns olika valmöjligheter. Jag registrerade mig för sju dagars tystnad. Jag hade tillåtelse att ta med böcker och kassettband. Ingen teve, ingen telefon och ingen kommunikation, inte ens med de jesuiter som fanns på plats, förutom ett femton minuters vägledande möte med en andlig rådgivare varje morgon. De första dagarna var nästan övermäktiga för mig. Jag gick mycket och försökte vara så fysiskt aktiv som jag kunde för att avvärja den groende paniken. När jag vaknade på morgonen den tredje dagen, hade jag tårar på kinderna och jag hade en så underbar känsla av frid ... med tystnaden. Jag är fortfarande djupt tacksam mot jesuiterna som erbjöd den här möjligheten för människors läkning. Jag började förstå vilken fantastisk gåva detta var. När jag fortsatt mitt liv efter den veckan, så har jag fortsatt att anamma tystnaden som en djupgående och underbar del av livet. I mitt arbete som organisationskonsult så använder jag ofta tystnad som ett effektivt verktyg så att människor kan nå sitt lärande och sina lösningar. Eftersom tystnad inte är allmänt använt som verktyg för att genomföra arbetet i organisationer och för att jag antar att det i alla grupper finns människor som ännu inte lärt sig älska tystnaden, så föregår jag alltid de tysta stunderna med att säga att "om ingen säger något och det blir tyst, så är det inte menat att det ska vara en obehaglig tystnad ... det är helt enkelt en tystnad vi behöver för att samla våra tankar. "

Jag erbjuder dig de här fyra frågorna för att de var till stor hjälp för mig. Genom att svara på dem fick jag en grund som höll mig i tillräcklig balans för att jag skulle kunna snabba upp min väg mot att vara i genuin kontakt med mig själv. Genom att svara på frågorna och etablera en känsla av balans för mig själv, så kunde jag förstå vikten av en solid grund, från vilken jag kunde göra mitt medvetna förändringsarbete som skulle tillåta mig att vara i genuin kontakt med mig själv. Från mitt perspektiv så är en grund som ger balans, en nyckelingrediens för att öka kapaciteten för genuin kontakt. Det spelar ingen roll hur du får den här balanserade grunden. Detta fungerade för mig. Det var faktiskt inte förrän jag hade svarat på de fyra frågorna som jag förstod att jag inte var i genuin kontakt med mig själv. Jag förstod inte heller att jag hade undvikit den här delen av min resa för att jag inte haft en balanserad grund att utgå ifrån. En fysisk grund behövs för att göra det som kan kallas för själsligt arbete, för utan den grunden kommer troligen det själsliga arbetet att falla sönder runt omkring dig.

Under en stor del av livet befann jag mig i ett tillstånd av "det jag inte vet, det vet jag inte", så när jag besvarat de här frågorna, hamnade jag i ett tillstånd av "nu vet jag vad jag inte vet och jag vet inte vem jag är". Jag hade vaknat till den här insikten från ett liv som verkade komplett och där jag trots det hade undvikit mig själv. Vid 38 års ålder och som hustru, mor och vd för en ideell organisation, vaknade jag upp och insåg att jag inte kände mig själv. Utifrån såg jag antagligen mera självsäker och självmedveten ut än vad jag var. Jag ansågs vara framgångsrik. Under mina år som konsult har jag talat med otaliga chefer som är i 50- och 60-årsåldern och djupt frustrerade för att de inte vet vilka de är och har kommit till det stadie i livet, där de inte längre kan stå ut med de kompromisser de gjort för att ikläda sig en roll istället för att vara en person. Så här efteråt är jag glad att jag upptäckte detta när jag var trettioåtta.

Med de tankegångar jag har nu, så kan jag berätta en del om vad som gjorde att jag hann bli trettioåtta utan att ha varit i genuin kontakt med mig själv. Jag är övertygad om att jag började livet i genuin kontakt med mig själv. På något sätt försvann den känslan. Jag är inte säker på alla omständigheter och jag tror inte det är viktigt att berätta det jag vet. Vid sex års ålder började jag helt enkelt att gömma mig från mig själv. Jag tror inte att min berättelse är så speciell. Den är helt enkelt en berättelse. Alla jag talat med har sin egen berättelse om när och hur de slutade vara i genuin kontakt med sig själva. Psykologer kanske säger att de här berättelserna står i relation till utvecklingen av vårt ego. Jag vet inte om de har helt rätt. Jag tror att det är mycket mera av vårt hela jag som är inblandat, än bara egot.

Jag tror att när vi slutar vara i genuin kontakt med oss själva så ger vi upp vår känsla av egenmakt och genom att göra detta så utvecklar vi beroenden. Hos några människor visar sig detta som drogberoende och hos andra som mentala eller emotionella beroenden, som beroendet av oro, perfektionism, undanflykt och svek, beroendet av att behöva veta och så vidare, beroenden som verkar växa sig starkare över tid. Mina speciella beroenden visade sig främst som oro. Jag började använda alkohol när jag var sexton men slutade som tur var med det flyktmedlet när jag var arton, innan det blivit ett missbruk.

En annan nyckelingrediens som snabbar på resan att komma i genuin kontakt, verkar vara någon sorts kris. För mig var krisen att mitt äktenskap föll samman. Jag beslutade att jag skulle göra vad jag behövde för att utvecklas mera, så att den roll jag spelade i vår situation kunde förändras. Jag tog några kurser, där de mest betydelsefulla var Process Theology med John Cobb, Process Facilitation med Marge Denis, Open Space Technology med Harrison Owen och the Four-Fold Way med Angeles Arrien. Kombinationen av lärandet och mitt åtagande att besvara min fråga om vem jag var, fick mig att göra ett enormt kliv framåt när det gällde att räkna ut det. Istället för att föra min ex-make och mig närmare varandra, så bidrog min utveckling till att vi kom längre isär. Äktenskapet tog slut och jag inledde en period som ensam mamma med fyra barn, som hade umgänge med sin far. Det var en besvärlig tid och ändå var jag i ett nytt skede av genuin kontakt med mig själv. Jag höll löftet om mitt eget växande. Det kändes som om mitt liv berodde på det. Längs vägen så gjorde jag några val i mitt relationsarbete, som jag skulle säga var dåliga val, förutom det faktum att de visade sig vara välsignelser för att de är en del av berättelsen om hur jag blev äkta mot mig själv.

Med ett pågående personligt drama, fyra barn att uppfostra på rätt sätt och en organisation att leda, så utvecklade jag en del hälsoproblem, kraschade personligen och landade i vad en del människor och poeter kallar själens svarta natt. Jag vaknade en morgon och kunde inte sluta gråta. Jag upptäckte att jag inte kunde knyta skorna eller knäppa knapparna, fast jag skulle iväg och hålla föredrag på Handelskammaren. På något sätt gjorde jag frukost till oss fem, packade fyra luncher, fick iväg barnen till skolan och tog mig ut genom dörren. På ett mirakulöst sätt lyckades jag köra in till centrum och genomföra föredraget. Det visade sig vara min sista arbetsdag på två månader. Läkaren gav mig diagnosen depression och skrev ut en vanlig antidepressiv medicin med många biverkningar, som jag senare slutade ta. Att sluta ta medicinen kändes värre än den verkliga kollapsen. Vänner sa att jag upplevde själens svarta natt. Min inre upplevelse var att min själ hade det bra och att den faktiskt var anledningen till att jag tog mig igenom den här perioden. Jag hade en svart natt för egot, eftersom jag såg att min nya uppfattning av mig själv var på något slags kollisionskurs mellan hur jag ledde mitt liv baserat på min gamla uppfattning av mig själv och mitt sanna jag. Jag upptäckte att jag hade tillåtit mängder av kompromisser av mig själv i relation till den jag verkligen var. Jag hade nu nått en annan nivå av genuin kontakt med mig själv. Jag rekommenderar inte det här arbetssättet och ändå ser jag något liknande hända runt mig med de som givits etiketten "depression".

När jag reste mig från den här utmaningen till ett mer komplett jag genom förbättrad genuin kontakt med mig själv, så ändrade jag några av mina mönster. I den processen förlorade jag några vänner. Varje stadie av mitt växande har inneburit att jag förlorat några vänner. En nära väninna sa: "Jag ser att du går igenom en dörr och jag vill inte följa med". Jag vill ge henne en eloge för att hon såg att jag passerade en dörr i mitt växande och att hon, av egna orsaker, inte ville tillåta sig själv att växa just då. Anledningen till att jag berömmer henne är att hon, även om hon var rädd att vår vänskap inte skulle klara det, varken stoppade mig från att passera dörren eller verkade döma mig. Så många gånger har jag bevittnat människor gå igenom besvärliga lärdomar i sitt växande, bara för att bli dragna tillbaka av sina vänner. Detta liknar berättelsen om krabborna som fångades och lades i korgar. Några försökte ta sig ut och deras kompisar i korgen drog dem tillbaka på grund av sin egen falska känsla av säkerhet. Många år senare passerade den här väninnan samma sorts dörr till sitt eget genuina jag.

Jag önskar jag kunde garantera att detta att komma i genuin kontakt med sig själv inte resulterar i förluster, men jag kan inte ge någon sådan garanti. Det förekommer alltid förluster när man kommer i genuin kontakt. Först och främst sker en definitiv förlust av de mönster av tänkande och beteenden som man tidigare hållit så kära. Som människor tenderar vi att låsa oss fast vid vissa informationsmönster och utestänga andra som finns rakt framför oss. När vi växer upplöses den här hårda fastlåsningen och det är faktiskt bra att förlora den. Om människorna runt dig också är engagerade med sitt växande, så kanske du inte förlorar dem, för deras egen medvetenhet om förlusten av tidigare fastlåsta mönster utvidgas också. Det är inte alls säkert att du kommer att förlora så enormt mycket som jag gjorde – äktenskap, ego och vänner. Men jag kan inte garantera att det inte händer.

Det här får dig antagligen att undra över varför du ens ska överväga att arbeta med att vara i genuin kontakt. Som jag nämnt, så tror jag att det är rädslan för förluster som hindrar människor från att vara i genuin kontakt med sig själva. Detta är verkligen ingen enkel situation att befinna sig i. Om du klarar av att sätta dig över din rädsla för förluster och fortsätter att fundera ut hur du kan vara i genuin kontakt med dig själv, så kommer det att sluta med vissa förluster i ditt liv, kanske några verkligt väsentliga. I slutändan kan du också vinna mycket, inklusive en verklig känsla för vem du är, varför du är här och att du är kraftfull bortom vad du just nu förstår när det gäller att skapa det liv du vill ha.

Jag ser på de här besvärliga situationerna och accepterar att detta är vad jag gick igenom med både förlusten och den fantastiska vinsten. Den förra var oerhört smärtsam. Den senare var fantastiskt underbar. Jag föreställer mig också att framför mig finns en dörr in till mitt växande i genuin kontakt. Att inte gå igenom den dörren bara för att kunna kontrollera växandet och ha kvar saker som de är, skulle ha minskat risken för förlust – men det skulle också ha hållit mig tillbaka. Jag tror att om jag gjort det, så skulle jag inte ha klarat av att stå ut med mig själv och jag skulle betalt ett annat pris, troligen genom någon slags sjukdom. Enligt min mening, så är fysiska sjukdomar en manifestation av själsligt och emotionellt illamående eller disharmoni. *"Det är viktigare att veta vilken slags person som har en sjukdom, än att veta vilken slags sjukdom personen har."—Hippocrates (460–377 BC)*

När jag råder mina barn, bonusbarn och deras partners om vilken väg de ska ta, så råder jag dem allvarligt att ta de risker som ingår i att vara i genuin kontakt med sig själva och att sedan se var allt annat landar. Jag hoppas att mina barnbarn inte ska behöva kämpa sig igenom detta och att de inte ska förlora sin nuvarande förmåga att vara i genuin kontakt med sig själva. Inom oss som familj kan vi skapa betingelser så att de blir omhuldade för exakt den person de är och aldrig förlorar sin förmåga att leda sina liv. Jag uppskattar mycket att den här familjen är medveten om vikten av detta, att vi finns till för att stödja den nya generationen av värdefulla varelser.

Ta några enkla små steg

Jag vill gärna dela några insikter som
kan vara användbara, när du arbetar för
att vara i genuin kontakt med dig själv.
Använd det du vill och strunta i resten.
Vi är alla unika och har vårt eget sätt att
göra saker. Inledningsvis så är det bra
att inse att man ger något alltför mycket
makt genom att vara rädd för det. Din
egen makt slutar där din rädsla börjar. Till vilken rädsla överlåter du
din makt, när det handlar om att vara i genuin kontakt med sig själv?
Så är det, att vara i genuin kontakt med sig själv handlar om att hävda
sin fulla makt och förflytta sig bortom rädslan. Sedan måste du fundera
ut om du vill använda den här makten klokt och bra.

För att vara i genuin kontakt med dig själv, måste du ta dig ut ur
huvudet och gå in i ditt hjärta, din mage och din kropp. Du blir kanske
förvånad av att upptäcka att du är mycket mera än du tidigare har trott.
Du kommer att upptäcka att du är en multidimensionell varelse och att
du kan utvidga din medvetenhet långt bortom vad du i nuläget tillåter
dig själv att vara medveten om. Du har fysisk, mental, emotionell och
själslig medvetenhet och du har förmåga att lyssna på och förstå de här
fyra dimensionerna av dig själv. Ja, du kan ställa in dig på dina fyra med-
vetandeströmmar, dina fyra intelligenser, för att öka upplevelsen av din
genuina kontakt med dig själv. Utvidgningen av dina uppfattningsfilter
från en dimension till fyra, är en början och kan uppnås med små steg.

Jag har utvidgat min medvetenhet till de här fyra dimensionerna
genom att åta mig arbetsuppgifter för att kunna lägga märke till
saker. Ja, det lilla steg du tar mot genuin kontakt med de fyra dimen-
sionerna av dig själv, är att aktivt lägga märke till saker. Jag hoppas du

inte tycker att detta verkar för enkelt utan att det känns som något du kan göra, om så bara för att se om det fungerar så som jag berättat. I början av varje kapitel i boken, ombeds du att medan du läser det, lägga märke till saker från alla fyra medvetandedimensionerna. När du läser ett kapitel på det här sättet, engagerar du mer av ditt hela jag. I slutet av varje kapitel finns det ytterligare frågor. De inbjuder dig att reflektera över vad du lagt märke till, återigen genom att engagera alla fyra medvetandedimensionerna. Detta vill visa att när du använder mer av din multidimensionella helhet, så behövs det väldigt lite extra tid för att vidga medvetenheten. Det handlar om den tid du använder för att läsa och lite extra tid, men bara lite, för att observera på ett annat sätt.

En övning i observation

Observera vad det är du observerar. Vad känns intressant för dig just nu? När du iakttar från din utvidgade medvetenhet, lek då med det som dyker upp och du kommer att uppnå ännu högre genuin kontakt med dig själv.

En nyckel för att komma i genuin kontakt med sig själv är att byta medvetenhet för att iaktta saker ytterligare, för att observera det som händer runt omkring. Du kommer till slut att känna hur begränsande dina vanliga uppfattningsfilter är och hur mycket bättre det känns när du tillåter dig själv att vara i din extraordinära verklighet av utvidgat perspektiv. Denna extraordinära verklighet är väldigt mycket en del av dig som du vanligen inte uppmärksammar. Det finns flera andliga seder som innehåller ett stadium där eleven får till uppgift att sitta tyst på samma plats, dag efter dag och skriva ned allt hon lägger märke till.[6] I början kan det verka tråkigt, men när dagarna går, upptäcker hon det finns mer och mer att observera från samma plats. Det är inte den vanliga verkligheten runt henne som ändras. Det är något inuti henne som förändras av den här observationsövningen. Inledningsvis observerar hon genom de perceptionsfilter hon brukar använda för att iaktta livet. När hon dag efter dag fortsätter med uppgiften, ser hon mer och mer för att hon börjar iaktta samma verklighet genom fler perceptionsfilter, som tillåter henne att se saker hon aldrig lagt märke till förut. Hon iakttar nu från sin extraordinära verklighet och skapar djupare genuin kontakt med sig själv. Som bortgångne dr R D Laing skrev:

> Vidden av vad vi ser och gör begränsas av det vi misslyckas att se.
> Och eftersom vi misslyckas att se att vi misslyckas att se,
> Finns det mycket lite vi kan göra för att förändra. Tills vi ser,
> Hur vårt misslyckande att se formar våra tankar och handlingar.[7]

Jag inbjuder dig att följa med när jag gör en enkel övning för att vidga min uppmärksamhet på att observera. Varje gång jag gör en observationsövning utvidgas min medvetna uppmärksamhet om mitt expanderade jag och den går aldrig riktigt tillbaka till samma "jag" som jag var när jag inledde övningen. Jag älskar det här äventyret, att veta att även om jag är i genuin kontakt med mig själv, så finns det mer av mig att skapa genuin kontakt med.

Utgångspunkt: Jag lägger mycket sällan märke till texturen när jag observerar saker.

Önskat resultat: Att flytta min observation av textur från min extraordinära verklighet till min vanliga verklighet.

Medan jag skrev boken, blev jag vägledd att se på kläder i en lågprisbutik och att lägga märke till texturen hos tygerna. Idén hade två syften som var sammanvävda. Det ena var att ge mig ett uppdrag som kunde stimulera min kreativitet vad gällde bokens innehåll, med målet att väva in känslan av textur i berättelsen. Det andra vara att skapa förhållanden där jag fick möjlighet att uppleva ett stort "aha" som skulle stimulera min förmåga att uttrycka textur i skrift. Jag berättade om uppdraget för Ward och bad honom köra mig, för jag antog att jag skulle bli så insvept i världen av texturer och av att vidga min medvetenhet, att jag inte var så lämpad att köra hem efter upplevelsen. Vi bestämde oss för en träff som innehöll ett stopp vid affären, följt av en romantisk middag på restaurang.

Affären vi valde hette Cause for Paws och sålde varor för att samla pengar till djurens liv. Det kändes helt rätt för mig. Jag hade aldrig varit där förut, så mitt beslut var inte grundat på vanlig verklig information. Det baserades på mitt inre vetande. Jag fnittrade när vi åkte iväg, för jag började den här shoppingresan annorlunda än alla andra jag varit på och det kändes som ett stort äventyr. Jag älskar den barnsliga nyfikenhet jag känner när jag gör något jag aldrig gjort förut. Jag har handlat i billiga butiker många gånger förut, med ett perceptionsfilter som gjort att jag sett kläder i min storlek som jag gillat och kanske ville köpa och dragits till kläder med färger som tilltalat mig. Detta var mitt sedvanliga perceptionsfilter för en shoppingresa, där jag blev glad av färger. Dagens resa till affären krävde att jag bytte perceptionsfilter till ett extraordinärt och jag upptäckte att på grund av detta så vällde den barnsliga glädjen upp inom mig. Jag skulle se på kläder, inte med tanken att köpa dem utan med ett perceptions-filter för att observera texturen, så att det kanske skulle gagna den fortsatta berättelsen i boken. Ett sådant enkelt byte från min vanliga uppfattningsförmåga till en extraordinär uppfattningsförmåga tog mig till glädjen av barnslig nyfikenhet.

När vi kom till affären, välkomnades vi av expediten med ett hjärtligt "Välkommen till Cause for Paws." Jag uppskattade värmen i hälsningen, som jag såg att hon gav till alla kunder som kom in. För ett ögonblick kände jag skuld, för jag visste att hon antog att jag kommit för att handla. Jag tog fram mitt anteckningsblock, tog ett djupt andetag, mindes mitt åtagande att följa vägledningen att använda en annan lins än min vanliga shoppinglins för att se på kläder och slog i mitt huvud fast att jag var där för att utforska textur. När jag slagit fast reglerna för mitt äventyr, noterade jag att ingen av expediterna närmade sig, störde mig eller frågade vad jag gjorde. Istället fortsatte de med det de höll på med, som om jag var osynlig. Jag gillade frihetskänslan i att få genomföra äventyret ostört.

Mina ögon fångas omedelbart av lysande vitt. Jag tänker på renheten och skönheten i det vita och minns sedan att perceptionsfiltret inte handlar om färg utan om yta. Jag tittar en gång till på det vita och ser sedan att en av blusarna har spröda solgula blommor. Jag älskar den kontrasten och suckar när jag inser att jag önskar att uppdraget handlat om färger, som är den perceptionslins jag älskar att vara uppslukad av.

Glittrande paljetter på ett brunt material fångade min blick. Paljetterna var underbara. Jag gillade inte ytan av hård plast och plötsligt bleknade skönheten och hårdheten i plasten tornade upp sig i synfältet. När jag justerade från en färguppfattningslins till en perceptionslins för textur, så såg samma verklighet plötsligt annorlunda ut, nästan som om man tänt en lampa för att lysa upp det som verkligen fanns. Det bruna materialet som paljetterna var fästade på, var mjukt och gjort av 100 % bomull, det utstrålade äkthet och jag gillade det. När jag såg på etiketten medan jag kände på materialet, såg jag orden *Self Esteem USA, made in India* och jag skrattade åt budskapet att USA:s självkänsla tillverkas i Indien. Jag skapade också en ny regel för mitt äventyr. Jag kan iaktta färger och etiketter samtidigt som jag iakttar textur. Jag kommer fortfarande att hålla mig till mitt uppdrag, så länge som mitt främsta perceptionsfilter fokuserar på textur. Om jag under äventyret skulle gå vilse i en perceptuell verklighet, så skulle det vara acceptabelt att *gå vilse i texturer* men *att gå vilse bland etiketter och färger* skulle inte vara acceptabelt.

Sedan följde ett gnistrande vinrött tyg med en borstad yta, som gjorde att det såg mycket mjukt ut. Jag gnuggade det mellan mina fingrar, bara för att upptäcka att ytan var stickig och inte alls mjuk. Från den här upplevelsen skapade jag ett antagande om att utseendet kan bedra. Precis när jag skrev ner mitt antagande, hörde jag expediten skrattande säga till någon att "det är det som är hemligheten". Nu vet jag att hon talade med någon annan, men i det ögonblicket kändes det som om hon talat till mig. Så jag relaterade min slutsats om hur utseendet ibland kan bedra, till vad jag antogs förstå om mysteriet. Jag såg mig om över axeln för att se om expediten egentligen var en förklädd ängel, som faktiskt talade till mig om hemligheten. Men icke, hon stod i kassan och talade om något jag inte kunde höra. Det är intressant hur bara denna enda mening hade lyfts fram som om den uttalats direkt till mig. Jag skrev upp vad jag observerat och antecknade också något om livsvisdom, för att påminna mig om att saker som ser kramiga, mjuka och inbjudande ut, faktiskt kan vara stickiga. Mina tankar gick omedelbart till någon jag en gång kände, som passade in på den beskrivningen, men det är en annan historia. Min snabba blick på etiketten gjorde mig fnittrig när jag läste "Divine USA." Jag började undra om orden på de här etiketterna kom hoppande in i min verklighet eller om etiketterna verkligen var sådana.

En lysande röd och gul topp fångade mina ögon. Även om jag försökte så kunde jag inte vara kvar med bara texturuppfattningsfiltret utan gick vilse i färgerna igen. Den lysande röda framsidan var kantad med svart. Den lysande gula baksidan var kantad med lila. Den var vändbar och såg ut som om den gjorts för en clown. Jag älskade den och beslöt omedelbart att jag skulle göra en utklädningslåda för mina barnbarn och att detta skulle bli det första inköpet till den. Jag kunde föreställa mig hur mycket kinestetiska Jessica satte den på sig, paraderade runt, vände på den medan hon gick, ändrade färger och skrattade. Jag kunde sedan se hur fantasifulla Marleigh skulle njuta av silkigheten och bära den som en prinsessklänning på en tebjudning. Och jag skrattade åt min tankeprocess.

Jag hade hoppat mellan perceptionsfiltren och gått tillbaka till min vanliga verklighet av inköp och färger och inte förrän jag tänkte på Marleigh och hennes förkärlek för textur, kom jag ihåg att jag skulle ha fokus på att *observera textur*. Det var svårt att besluta sig för att byta från det vanliga perceptionsfiltret till ett extraordinärt och att hålla kvar det även när jag hade roligt. Jag kan bara föreställa mig hur jag vandrar tillbaka till mitt vanliga perceptionsfilter när jag blir ombedd att studera något mer allvarligt, som inte är lika lekfullt som den här texturövningen. Medan jag stod och funderade på detta, undrade jag om jag skulle kunna närma mig allvarliga saker på ett lekfullt sätt och om ett sådant angreppssätt kanske till och med skulle vara till nytta. Jag tycker det är svårt att föreställa sig att jag skulle kunna nå in till den lekfulla delen av min natur så ofta eller för en längre period, särskilt när jag känner mig stressad.

Jag fortsatte min utforskning och drogs till en blekgrå topp med blekblå bokstäver. Det stod "Mudd Jeans" med liten handstil i samma färg. Jag skrattade. För mig är lera = lek med minnen av mina barn när de var små och gjorde lerkakor och låg i lerpölar för att göra lervarianten av snöänglar. Blusen lockar fram kära minnen av lek med mina barn. Ännu en gång fokuserar jag inte med min perceptionslins för *textur*. Sedan skrattar jag och inser att temat *lek* har kommit upp igen. Jag påminner mig att utforska texturen och älskar mjukheten hos den rena bomullen. Jag kan föreställa mig hur mjuk den skulle vara att ha på sig. Och sedan stänger jag omedelbart *shopping*filtret innan jag ännu en gång kommer bort från mitt uppdrag. Min uppmärksamhet fångas av musiken som spelas i affären och textraderna känns som om de kommer rakt emot mig: "Gör det inte". Jag skrattar. Varför blir jag plötsligt uppmärksam på de här textraderna, när jag tidigare bara placerat musiken i bakgrunden så att jag skulle kunna ägna min uppmärksamhet åt *texturen*? Detta var precis som upplevelsen av att plötsligt höra en enda mening av expeditens samtal. Kunde detta vara en sidoeffekt av att byta fokus från min vanliga verklighet till min extraordinära verklighet? Höll mitt totala uppmärksamhetsfält på att utvidgas?

Jag tog ett djupt andetag för att fokusera på att bibehålla min uppfattning av *textur*. Jag ökade mitt fokus på *textur* under resten av tiden i affären. Jag såg material som såg ut som siden men kändes hårda och andra som såg ut som siden och kändes väldigt mjuka. Det fanns material där några delar av mönstret låg högre än övriga, vilket gjorde leken med mönstret roligt, när mina fingrar kände två ytor som stod i ännu större kontrast till varandra genom att en var borstad och en var slät och jag var förförd av känslan av en spets som tillät mig att sticka fingrarna genom den och verkligen leka med att krama ihop den till olika figurer.

Jag önskar jag kunde säga att jag klarade av att bibehålla mitt extraordinära perceptionsfilter för *texturer* och genomföra uppdraget. Jag klarade det helt enkelt inte. Ja, jag hade fokus på textur men jag fick kämpa för att behålla mitt primära fokus. Mitt vanliga uppfattningsfilter fortsatte att ta över från det extraordinära. Jag hittade fem saker att köpa, där tre var till min utklädningslåda för barnbarnen och två till mig. Ward skrattade när han såg mig gå till kassan, för han visste att detta inte var mitt uppdrag. Den största utmaningen var att hålla mitt vanliga perceptionsfilter för färger och mitt vanliga mönster att dras till färger i bakgrunden och tillåta det extraordinära perceptionsfiltret för *textur* att dominera. Färger vann oftare än textur. Jag beslöt att vara nöjd med mig själv eftersom textur fått dominera åtminstone en del av tiden.

När jag tänkte på ansträngningen att förbli fokuserad på textur, så insåg jag att vägledningen inte handlat om att ignorera de andra aspekterna av kläderna i affären. Jag var inte tvungen att överge mina gamla filter. Om jag slutade kämpa med mig själv, så skulle jag kunna behålla min vanliga uppmärksamhet på färger och inköp och lägga till den uppmärksamhet på textur som jag tidigare inte uppskattat lika mycket. Jag hade faktiskt också börjat fästa större uppmärksamhet vid informationen på etiketterna.

Med hjälp av den här mycket enkla övningen för att observera textur, uppnådde jag mer än jag förväntat mig. Min verklighet hade expanderat. Jag hade upplevt en glädjefylld stund.

Med den här mycket enkla övningen för att utforska textur, upptäckte jag att jag nått det önskade resultatet att flytta observationen av textur från min extraordinära verklighet till min vanliga verklighet. Jag fick också ytterligare några resultat som kom som en överraskning och gav mig mer än jag hade tänkt mig. Jag kände mig expanderad, jag hade haft en glädjefylld stund och kände det som om jag befann mig i en ny och utvidgad verklighet, där jag observerade mycket mer av det som fanns, istället för att begränsa mig med mina vanliga perceptionsfilter.

Jag skriver detta några dagar senare och känslan av expansion fortsätter. I morse såg jag på några kort som är mycket välbekanta för mig och för första gången blev de enkla bilderna tredimensionella och jag såg artistiska saker i korten som jag aldrig tidigare sett. Jag skrattade för jag fick en känsla av att ha fått något nytt. Idag gick jag i skogen och jag observerade allt mycket bättre, från prasslande bruna löv till en nedfallande grankotte, som om det hände i slow motion. Jag är mycket nyfiken på vilka faktorer som har skapat den här utvidgade medvetenheten. Hittills har jag funnit, att observationer genom ett perceptionsfilter som innebär en extraordinär verklighet för mig, är en del av det. Att sluta kämpa om vilket perceptionsfilter som ska dominera, är en annan. Att ha en lekfull ansats med hjärtat fyllt av glädje över upptäckterna är ytterligare en faktor.

Jag kommer att gå lite bakåt i tiden för att dela det jag upptäckte när jag läste etiketterna. Jag har redan berättat om etiketterna "Self Esteem USA", "Divine USA" och "Mudd Jeans." Jag fick fler tillfällen till fnitter av andra etiketter: "Limited America" som var tillverkad i Korea, "Personal" som producerats i Sri Lanka, "Apostrophe" gjord i Indonesien, "The Limited Star Quality" från Korea, "Planet Sleep" tillverkad i Kina. Jag insåg att jag kunde väva ihop en intressant berättelse av etiketterna relaterat till produktionsplatsen. En sådan berättelse skulle handla om hur liten vår globala by egentligen är. Jag gillade särskilt att USA:s självkänsla produceras i Indien. Vid kassan observerade jag ett stort akvarium med ett par ciklider som hette Oscar och Myer. Det var inte deras färg som fångade mig utan ytan. Rostfärgerna, brunt, krämfärgat och svart, var vackra och deras vänlighet var påtaglig. Texturen hos de här fiskarna var som sammet, en kraftig vacker sammet, mjuk att ta på och vacker att se på. Detta tog andan ur mig och jag fnittrade i min glädje över att ha observerat texturen. Jag insåg också att min största glädje inte fanns i texturen hos kläder utan i texturen hos levande varelser, hos naturen, hos något som, enligt mina livsregler, är äkta.

En skylt ovanför fångade min uppmärksamhet: "Livet mäts inte i de andetag vi tar, utan i de ögonblick som tar andan ur oss". Jag hade flera ögonblick under den här timmen i affären som tog andan ur mig, av ren barnslig glädje över upptäckterna. Min medvetna uppmärksamhet var utvidgad till en större genuin kontakt med mig själv.

Påminnelse till mig själv: Öva att använda ett extraordinärt perceptions-filter så ofta som möjligt, så att det blir enklare och enklare att se *verkligheten* från olika perspektiv och tillåt mig att expandera under processen. Jag tror att med övning så blir det enklare att bibehålla de extraordinära percep-tionslinserna. Om jag ser att jag inte klarar av att byta till extraordinära uppfattningsfilter, så påminn mig om att leka som jag gjorde under utflykten till lågprisbutiken.

Din tur.

1. Om det som presenteras här är sant, vad skulle jag då se?
2. Om det som presenteras här är sant, vad skulle jag då höra?
3. Om det som presenteras här är sant, vad skulle jag då känna?
4. Om det som presenteras här är sant, vad skulle jag då veta?
5. Om det som presenteras här är sant, hur skulle det då kunna påverka mitt ledarskap?

Ett sätt att öka din genuina kontakt med dig själv

För att du ska få egna upplevelser när du läser det här kapitlet, inbjuder jag dig att reflektera över

1. Vilken färg kommer du att tänka på?
2. Vilken textur kommer du att tänka på?
3. Vilken metafor kommer du att tänka på?
4. Vilken dansrörelse kommer du att tänka på?
5. Vad lär du dig om genuin kontakt?

Jag tror att vi har skapat genuin kontakt med oss själva när vi slutar döma oss. Jag tror att när vi dömer oss själva, så ser våra änglar på oss och suckar, för de önskar att vi kunde se oss själva på det sätt som de ser oss, i all vår skönhet. Jag tror också att när vi dömer oss själva, så gråter vår egen själ åt vår grymhet. Någonstans utmed vägen har jag uppfattat att glädjen är vår födslorätt. Om detta är sant, så når jag fram till denna glädje när jag är i genuin kontakt med mig själv. När jag upplever glädje så kan jag inte döma mig själv. Om du utvidgar din medvetenhet så att dina perceptionsfilter utvidgas och så att du mer och mer arbetar med den multidimensionella varelse du är under dina observationsövningar, så kommer du att upptäcka att du är i genuin kontakt med dig själv i glädje.

När du en gång fått genuin kontakt med dig själv, så kommer en fortsatt sondering att avslöja ännu mer av vad du egentligen är, för dig. Det finns mycket skrivet om jagets skuggsida, om de delar av jaget som ännu inte tagits i anspråk. Ofta inbegriper detta kvaliteter som anses vara negativa eller mörka och som människor vill hålla dolda. Min upplevelse är att detta är ett mycket mindre problem än att människor vill dölja sin styrka, sin makt och sitt vackra inre ljus. Jag tänker på Marianne Williamsons dikt "Our Greatest Fear."[8] När vi lyssnar på den här dikten, utmanas vi att ha styrka att finna vårt ljus och inte vara rädda för det, att erkänna att det är vårt ljus och inte vårt mörker vi är rädda för. Jag vet att du har massor av styrka som du kanske ännu inte tagit till dig. På den här vägen mot genuin kontakt, är det dags att du börjar använda den styrkan.

Mental medvetenhet

Att utveckla din mentala medvetenhet innebär att ta kommandot över dina tankar. Tankar formas till tankemönster som kallas övertygelser. Övertygelser skapar din verklighet. Det vi fokuserar på intellektuellt är sådant vi dras till och det hjälper till att bestämma vad som dras till oss. Har du någon gång varit rädd för något och sedan upplevt att precis detta händer? Min make Ward relaterar till en berättelse från tju-

goårsåldern. Han var ute med några vänner, som körde bil på isen på en stor, tom parkeringsplats, där de övade sig på att sladda runt i cirklar. Hans vän Melvin sa att han var rädd att träffa det enda hindret på parkeringen, en hög lyktstolpe. Säkert som aldrig det, så gjorde han det och skadade bilen svårt. Ingen av de andra hade några problem, de hade bara roligt. Framgångsrika racerförare undviker att fokusera på möjligheten att träffa murar och minskar därmed sannolikheten att det ska inträffa.

Tankar uttrycks i ord och när du ska ta kommandot över dina tankar så är det intressant att vara uppmärksam på ordval och om de ord man använder verkligen betyder det man säger. Människor säger till exempel ofta att "Jag är sjuk" eller "Jag är trött" när de egentligen menar att "Jag känner mig sjuk" eller "Jag känner mig trött". Genom att återkommande använda termen "Jag är" i de här fallen, kan du faktiskt undermedvetet skada dig själv. Med "Jag är" så definierar du dig själv på ett sätt som det undermedvetna svarar an på. Om du säger "Jag är sjuk" så bli inte förvånad om du blir sjuk.

När du säger "Jag önskar" så innebär det att du inte tror att du kan få det och du kommer att bli kvar i det tillstånd av önskan som du definierat. Om du istället använder "jag ämnar" så visar det att du tror på att du kan få det och då förblir du i ett tillstånd av förväntan som stödjer de ord du tagit kommandot över. När du säger att du "borde" göra något, så visar det att du gör något som är grundat i någon annans värderingssystem, vilket innebär att man ger bort sin makt. (Till exempel: "Jag borde verkligen diska innan min svärmor kommer hit.") Oavsett hur mycket du gör av sådant du menar att du bör göra för att vara andra till lags, så kommer du aldrig att göra tillräckligt, för hur mycket du än försöker vara andra till lags så är listan lång på de som inte är nöjda.

Alla tankar är vibrationer och vibrationer dras som energi till sig själva. Vad attraherar du med dina tankevibrationer? Gillar du det du drar till dig? Du kan ta kommandot över dina tankar och närhelst en tanke, som du vet inte tjänar något gott syfte, fladdrar genom huvudet, så tacka helt enkelt tanken och be den gå vidare, för du vill inte ha dragningskraften i det här specifika vibrationsfältet. Knuffa inte undan tanken för ju mer du knuffar, desto starkare blir den. Så det är verkligen bara att tacka tanken och befalla den att gå vidare. Det slags tankar som inte är bra är sorg, värdelöshet, rädsla för förlust, undergång, självkritik, tvivel, besvikelse, njutning, fasthållande och medföljande indignation, ångest, förtryck, oro och rädsla för misslyckanden. Jag tror att du kan föreställa dig att när du lägger energi på den här sortens tankar, så slösar du energi som inte längre kan användas för att skapa de tankevibrationer du vill dra till dig. Befall dina tankar att vara lösningsfokuserade, inte problemfokuserade. Lösningar har en mycket annorlunda vibration än problem och kommer att dra till sig det du vill ha, istället för att dra till sig sådant du inte vill ha. Du har makten att fokusera dina tankar, alltid, oavsett vad som pågår runt omkring dig och vem som gör vad. Dina tankemönster måste inte följa det som händer runt dig.

Att ta kommandot över tankarna och verkligen mena de ord du tänker och säger, kommer att hjälpa dig att optimera din mentala medvetenhet. Ett annat sätt att optimera mental medvetenhet är att behålla sina tankar i nuet och inte hålla på med att ångra det som varit eller oroa sig för framtiden. Om du använder din mentala energi till det förflutna eller framtiden, så finns det väldigt lite kvar för optimal mental medvetenhet i nuet.

Påminnelse till mig själv: När jag gör min dagliga träning med Wii Fit, ska jag hålla mina tankar fullständigt fokuserade på det jag gör istället för att låta dem vandra iväg. Jag ska disciplinera mina tankar att göra det jag vill att de ska göra.

Andlig medvetenhet

För att optimera din andliga medvetenhet och dra nytta av visdomen och uppfattningen hos denna medvetenhet, så behöver du optimera din andliga hälsa. Ett sätt att göra detta är att öva med din intuitiva intelligens för att stärka den. Det finns böcker om intuition i litteraturförteckningen

men det är inte nödvändigt med böcker, för det finns många möjligheter i den dagliga miljön som kan användas för att öka intuitionen. När jag till exempel vägleder mina barn igenom ett beslut, så ber jag dem skriva ner alla tänkbara lösningar på kort och sedan blanda dem och hålla dem med baksidan upp så att de inte ser vad som står på dem. De väljer sedan ett kort (eller flera om deras intuition vill det) som ska vara lösningen. Detta är ett sätt att använda intuitionen för att fatta beslut. Det ger fantastiska resultat, samtidigt som det stärker intuition och andlig medvetenhet.

Att stärka din tillit till att universum är en bra plats och att livet är värt att leva, optimerar också din andliga medvetenhet. Att förstärka din tillit är annorlunda än att ge bort din makt till en religion. Det finns en skillnad mellan andlighet och religion och det är viktigt att känna till den. Jag tror att religioner kan hjälpa dig att stärka din tillit och om de gör det så är de värda din uppmärksamhet. Om religionen kräver att du tillber den, istället för att be till en högre makt, så finns ingen möjlighet att stärka din tillit, för då ger du bort din makt till den religionen.

Påminnelse till mig själv: Kom ihåg att så ofta som möjligt göra något som du inte gjort förut för att förbli öppen för lek och överraskningar, som ett sätt att stärka min andliga medvetenhet.

Emotionell medvetenhet

För att optimera din emotionella medvetenhet och dra nytta av visdomen och uppfattningen hos denna medvetenhet, behöver du utveckla ständig uppmärksamhet på ditt känslomässiga tillstånd. Dina känslor är ett av dina vägledningssystem. Om du får oharmoniska känslor, så ger de dig visdomen att du hamnat ur kurs i relation till den du verkligen är. Om du får harmoniska känslor, vet du att du är på samma kurs som den du egentligen är. Dina känslor ljuger inte för dig. Du har rätt till de här känslorna och ju mer du kan använda den visdom som de här känslorna erbjuder, desto mer kan du vägleda dig själv och dina beslut.

Den bästa källa jag känner till för att lära sig att justera sig mot sitt emotionella tillstånd, är de råd som ges i boken *Ask and It Is Given* av Esther och Jerry Hicks. De utgår från den undervisning som ges av Abraham, en icke-fysisk varelse, något som liknar en skydds-ängel. De har listat tjugotvå emotionella tillstånd.[9] I boken ger de oss tips om hur vi kan identifiera vilket emotionellt tillstånd man befinner sig i, så att man kan börja utveckla sin medvetna uppmärksamhet. De sammanfattar boken med en serie av olika och mycket praktiska övningar att välja mellan, där man identifierar sin känslomässiga startpunkt och sedan gör övningen med förväntningen att den ska resultera i att man flyttar upp minst en nivå i hierarkin av känslor. I listan ligger till exempel hat ett steg högre emotionellt än avundsjuka. De lär oss att det är svårt att gå från en känsla med lägre vibration i botten på listan till en med högre vibration i toppen, i ett enda steg. De uppmuntrar läsaren att om man så bara lyckas gå upp ett steg, så är det ett avancemang i känslornas vibrationsfält.

Att följa deras undervisning hjälpte mig mycket, för att nå min nuvarande nivå av emotionell medvetenhet.

Påminnelse till mig själv: När jag kompromissar bort delar av mig själv, så överger jag delar av mitt hela jag. Detta känns inte bra. Genom att vara uppmärksam på mina känslor, kommer jag att övervaka mig själv för att säkerställa att jag inte omedvetet överger mig själv enligt gamla mönster som inte längre är bra för mig (om de någonsin varit det).

Fysisk medvetenhet

För att optimera din fysiska medvetenhet och dra nytta av visdomen och uppfattningen hos denna medvetenhet, behöver du optimera din fysiska hälsa. Jag har en del tankar om hur det kan gå till, som jag berättar om i kapitlet om hur mönstret för optimal hälsa finns hos alla varelser. Min favoritlärare inom fysisk hälsa är Andreas Moritz, en internationellt uppskattad utövare av alternativmedicin, som bor i North Carolina.

Påminnelse till mig själv: Det är dags att göra ännu en serie av de reningsprocedurer som Andreas rekommenderar i sin bok *Timeless Secrets of Health and Rejuvenation*.

Din tur.

1. Om det som presenteras här är sant, vad skulle jag då se?
2. Om det som presenteras här är sant, vad skulle jag då höra?
3. Om det som presenteras här är sant, vad skulle jag då känna?
4. Om det som presenteras här är sant, vad skulle jag då veta?
5. Om det som presenteras här är sant, hur skulle det då kunna påverka mitt ledarskap?

Anteckningar

Genuin kontakt med andra individer

För att du ska få egna upplevelser när du läser det här kapitlet, inbjuder jag dig att reflektera över

1. Vilken färg kommer du att tänka på?
2. Vilken textur kommer du att tänka på?
3. Vilken metafor kommer du att tänka på?
4. Vilken dansrörelse kommer du att tänka på?
5. Vad lär du dig om genuin kontakt?

Kunde du skapa genuin kontakt med någon annan mänsklig varelse när du var liten? Troligen var din mor, din far eller ett syskon den första person som du skapade genuin kontakt med. Jag tror detta är den bästa situationen för att lära sig det tillstånd av glädje som man får, när man känner någon och när de verkligen känner dig. Orsaken till att jag anser att detta är idealiskt är att om du fått genuin kontakt med någon annan person så tidigt i livet, så har du bästa tänkbara grund för att på din vandring genom livet kunna skapa genuin kontakt med andra individer som du känner viss harmoni med. Att vara i genuin kontakt med någon annan mänsklig varelse kan sedan blir mer naturligt för dig, så att du inte behöver hamna i ett tillstånd av flykt, strid eller förlamning när någon försöker komma dig nära.

Av flera orsaker så tror jag inte att man alltid lär sig vara i genuin kontakt med någon, genom sin ursprungsfamilj. Det kanske inte känns säkert att vara i genuin kontakt med sina närmaste familjemedlemmar eller så är de inte tillgängliga för genuin kontakt. Mina föräldrar upplevde under tonåren andra världskriget på den tyska sidan. De gick igenom mycket trauma, så när de i trettiofemårsåldern gifte sig och fick mig, så kunde de inte vara i genuin kontakt med varken varandra eller mig. Då var det också vanligt att modern lade barnet på en kudde för att stödja barnets rygg, istället för att hålla det direkt hud mot hud. Min mor gjorde också så, för att hon ville mig väl. Tyvärr hindrade detta skapandet av genuin kontakt. På den här tiden hade fäderna mycket lite med barnen att göra, något som tack och lov har förändrats. Min far fick verkligen anstränga sig för att vara med sina barnbarn när de var små och att vilja vara barnvakt. Han berättade för mig, att när jag var barn så körde han inte ens barnvagnen, för på den tiden så deltog inte män i barnens skötsel.

Jag hade ingen tidig upplevelse av genuin kontakt med andra. Jag hade inga syskon. Vår lilla familj med tre medlemmar emigrerade från Tyskland till Kanada när jag var två och de år som följde, när vi som emigranter kämpade för att klara sig, med tydliga fördomar mot oss för att vi var tyskar i ett geografiskt område som var anglosaxiskt, minskade mina möjligheter till genuin kontakt. Jag vet att jag längtade efter genuin kontakt med andra människor under mitt tidiga liv. När jag var nio år, kunde jag till och med sätta ord på det. Jag tror att jag bar med mig minnen av hur jag var i genuin kontakt med Källan från tiden innan födseln – en upplevelse av djup enhet

– och att känslan av separation från den här enheten var en drivkraft för att finna genuin kontakt. Kom ihåg, du behöver inte tro på att vi alla har ett samband innan födseln eller att vi har många liv, med perioder av enhet mellan dessa liv. Jag skriver utifrån det här perspektivet för att det är mitt och du behöver bara ta till dig sådant som är användbart för dig.

Jag vill förtydliga att detta att vara i genuin kontakt och underbart nära någon, kan ske tillsammans med föräldrar, syskon, nära vänner och makar i en parrelation. Var och en av oss upplever en resa för att vara i genuin kontakt med en annan mänsklig varelse, så att vi verkligen kan vara vårt äkta jag och kravlöst tas emot så och utan krav ta emot den andra personen sådan hon är. Även om man inte tidigt når framgång i det här sökandet efter genuin kontakt mellan två människor, så kan det uppnås senare. Om du liksom jag, inte hade förutsättningar för att tidigt vara i genuin kontakt med någon annan, så kanske du fokuserat på att vara i genuin kontakt med Skaparen, skapelsen, dig själv och/eller med ett kollektiv. Det finns ingen rätt ordning i det här relationsarbetet med genuin kontakt. Jag klarade att vara i genuin kontakt med en annan individ som sista fasen i att lära mig vara i genuin kontakt.

Jag hade stunder av genuin kontakt med andra längs vägen. En källa för att tidigt i livet lära sig att vara i genuin kontakt med andra, är genom en vän. Ännu bättre är det att ha flera vänner, om det är möjligt. Var och en av dem erbjuder möjligheter till upplevelser av genuin kontakt med andra, även om de inte vet om det. Från mina tidiga år och fram till nu, har vänner lärt mig mycket om genuin kontakt med varandra. När the Genuine Contact Program hade lanserats och lärdes ut i världen, så utvecklade jag otrolig vänskap i sann genuin kontakt med olika människor som vigt sig åt den viktiga betydelsen av genuin kontakt. Under åren har jag under kortare perioder haft vänner, som jag skapat genuin kontakt med och sedan har vänskapen tagit slut. Jag har fått andra vänner som jag har genuin kontakt med kontinuerligt, troligen i hela livet. Jag förväntar mig att när jag fortsätter mitt liv, så kommer jag att möta fler individer att skapa genuin kontakt med. Jag lär mig mycket om att ha ett gränslöst förråd av kärlek för mina medmänniskor.

Det är mycket viktigt för mig att vara i genuin kontakt med vänner och lära mig vad som krävs för att kunna vara i genuin kontakt med en annan person. Ibland befinner vi oss i glädje och ibland känns det som om vi sitter tillsammans i en het brasa. Jag anser att uppnåelsen av ett tillstånd av genuin kontakt med en vän, är inte ett statiskt tillstånd av att "ha kommit fram". Istället har jag upplevt att vi nått genuin kontakt som följts av en eller bådas expansion och växande, med luckor i den genuina kontakten, särskilt när våra stadier av växande har varit olika.

I gymnasiet gick en barndomsvän (Deb) och jag till samma skola och ändå höll vi oss på motsatt sida av vägen så att vi tydligt visade varandra att vi inte gick tillsammans. Hon var hejaklacksledare. Jag spelade i skolans basketbolls- och volleybollslag. Hon var med i en förening och jag var med i en konkurrerande förening. Hon var söt, liten och blond. Jag var lång, gänglig och attraktiv men inte söt. Under den perioden var vi inte i genuin kontakt med varandra. När vi mognade hittade vi tillbaka till varandra igen och i universitetet återupptog vi vår genuina kontakt, som fortfarande varar, med all utveckling som skett under tiden i god harmoni. Fanns det någon katalysator som förde oss tillbaka in i genuin kontakt? Utan att ha planerat det, så hamnade vi båda vid samma universitet där vi nästan inte kände några andra, så vi vände oss till varandra och kom enkelt tillbaka till genuin kontakt.

Jag minns att min vän Michelle sa till mig, att hon såg mig gå genom en dörr till en ny nivå i min utveckling och ville att jag skulle veta att hon valt att inte gå den vägen med mig. Hon sa att hon var rädd för vad det kunde innebära och vad denna snabba utveckling kunde betyda för hennes liv. Hon uppmuntrade mig, som god vän, att fortsätta och utvecklas. Vi förlorade den genuina kontakten med varandra för en tid men fann den sedan igen. Vi har, vid olika tidpunkter under vår vänskap, upprepat detta mönster. Ibland har det orsakat spänning och sedan har vi återfunnit den genuina kontakten med varandra. Jag tror att vi är sammanbundna med ett band av kärlek som hjälpt oss igenom våra stapplande utvecklingsperioder.

Ett av mina språng i den personliga utvecklingen hände när jag var trettiosex. Vid den tiden var jag gift och mor till fyra barn, mellan sex och tolv år gamla. Av olika orsaker avslutades äktenskapet och vi blev en annorlunda familj, vilket innebar att barnen bodde hos mig det mesta av tiden och besökte sin far regelbundet. Det var en stor omställning för oss alla. På något sätt så lyckades barnens far och jag att förbli vänner trots skillnaderna. Vi upprätthöll så mycket genuin kontakt med varandra som vi klarade av att uppnå. Nästan alla våra vänner, som jag haft genuin kontakt med, valde dock bort oss som vänner nästan omedelbart.

En av dem skrev till mig två år senare och bad om ursäkt och ville få mig att förstå hennes synpunkter. Hon berättade att när jag lämnade mitt äktenskap och tog med mig mina fyra barn, så blev hon och de flesta andra arga på mig. Hon sa att många av deras egna äktenskap inte fungerade och att var och en hade skapat orsaker för att stanna kvar, inklusive "för barnens skull". Hon och de flesta andra hade ett eller två barn. Hon berättade att när jag lämnade, så utmanade det alla deras ursäkter om varför de valde att stanna i äktenskap som inte fungerade, för jag hade modet att hitta ett sätt att börja om, till och med med fyra barn.

En annan gång förlorade jag nästan alla mina vänner, människor som jag hade dragit till mitt liv efter min skilsmässa. Det var när jag gifte om mig. Jag hade haft genuin kontakt med dem. Efter mitt giftermål berättade man att jag förändrats och vänskapsrelationerna avslutades en efter en. Jag var djupt bedrövad och även konfunderad. Alla de här vännerna hade, under vår mångåriga tid av genuin kontakt, gjort en poäng av att uppmuntra mig att utvecklas och expandera, precis som jag gjort med dem. Vi hade alla aktivt sökt förändring i våra liv, personligen och kollektivt. Jag var förbryllad över att de nu vände sig ifrån mig för att jag hade förändrats.

Jag har tänkt på metaforen med krabborna i korgen och undrat om den berättelsen på något sätt kan appliceras på min situation, där jag förändrats och mina vänner ville dra mig tillbaka "in i korgen" så att vi alla kunde vara kvar tillsammans precis som innan. Jag tror att de ville hålla kvar den goda känslan av att vara i genuin kontakt med varandra och att förändring innebar att den känslan riskerade att gå förlorad. Jag inser att vi bara hade genuin kontakt under en period, så länge som vi alla deltog inom ett grundläggande och outtalat regelverk.

Jag anser att när individer som är i genuin kontakt med varandra, medvetet har engagerat sig i sin utveckling och är bekväma med att låta den andre utvecklas, så kan man upprätthålla genuin kontakt under utvecklingen. Om den förloras, så kan man vinna tillbaka den vid ett senare tillfälle. Kanske sätter sig helt enkelt den genuina kontakten i baksätet för en tid, under perioder av utveckling. Ibland når man genuin kontakt för att sedan förlora den och inte återfå den. Ibland, utan att det är någons fel, så går intellektet in i coping-mekanismer som inte har något att göra med två personer i ett vänskapsförhållande.

Psykologer har olika ord för olika coping-mekanismer, men de som påverkar den genuina kontakten destruktivt handlar om när människor är trasiga mentalt, ofta av tidigare trauman och att de inte klarar att ta med hela sig själv in i någon relation. Detta innebär inte att alla människor med tidiga trauman är trasiga. De kan ha läkt från dessa trauman om deras intellekt haft andra vägar att hantera dem eller återfått hälsan med hjälp av projektion eller överföring. Människor som av någon anledning måste lita på sitt intellekts coping-förmåga, har problem med genuin kontakt och kan, enligt min erfarenhet, känna sig hotade av genuin kontakt med en annan människa.

Ibland är tidpunkten och omständigheterna helt enkelt inte rätt. En deltagare i en av våra kurser kom fram till mig efter kursen, tog min hand och såg mig djupt in i ögonen. Hon kämpade med engelskan och ville ändå uttrycka något som hon kände i hjärtat var viktigt. Hon berättade att i början av kursen så trodde hon inte att hon skulle kunna lära sig något av mig, för jag påminde henne om hennes mamma (överföring). Nu var hon så lycklig att hon hade kunnat lära och att min närvaro hjälpt henne att bli mera tillfreds med sin mamma. Jag blev djupt rörd av hennes läkning och av den genuina kontakt som hon och jag fick i det ögonblicket av utbyte, genuin kontakt som varar än idag.

En av de arketyper som känns stark för mig är arketypen av modern, kanske för att jag är mor och mormor, kanske för att det ligger i min natur och är något jag lärt mig bemästra i tidigare liv. Det är inte ovanligt att människor överför aspekter på mig som inte är mina, utan kommer från deras egen mor. Under den fasen av överföring uppstår inte genuin kontakt mellan oss, för personen kan inte se mig som den jag är. Emellertid kan underbar läkning och genuin kontakt uppstå när överföringen inte längre är nödvändig och försvinner, precis som det gjorde med den här kursdeltagaren.

Under en av våra kurser stack en deltagare ut sina ben i cirkeln och lade nästan krokben för mig när jag gick runt inne i cirkeln medan jag talade. Jag undvek med nöd och näppe det avsiktliga hindret. Hon lade ilsket armarna i kors och var den första att tala. Hon deklarerade för oss alla att ingen av oss skulle vilja vara i genuin kontakt med hennes hela jag, för då skulle vi behöva hantera saker och känslor och beteenden som inte var trevliga. Jag kände den genuina kontakten i hennes förhållningssätt och visste att jag tyckte mycket om henne. Ja, så är det, att vara i genuin kontakt betyder inte att man alltid är trevlig. Vi har alla många sidor. Att vara i genuin kontakt med en person kräver att man är i genuin kontakt med hela personen.

I mitt första äktenskap, hade jag så mycket genuin kontakt som jag klarade av att ha med en annan person vid den tidpunkten. Jag var nitton och Doug var tjugotvå. Jag hade mycket av vad jag helt enkelt kallar stenar i ryggsäcken från mitt förgångna och det tog mycket av min uppmärksamhet, så det fanns inte så mycket av mig att vara i genuin kontakt med. Detsamma gällde Doug. Vi hade båda sårats av tidigare trauman i våra liv. Just då och för att vi var unga, skulle vi ha sagt att vi var i genuin kontakt. När jag ser tillbaka vet jag att vi hade genuin kontakt så mycket som vi klarade av vid den tidpunkten i våra liv.

Jag har alltid varit djupt tacksam mot Doug. Han var i genuin kontakt med sig själv och mig så mycket som han klarade av att vara. Trots sina trauman som barn, var han stabil som en klippa och beslutsam och jag kunde hålla fast i honom när jag började arbetet med att utvecklas, expandera och ta reda på vem jag var. Jag ger Doug all heder för att han gav mig tillräckligt stöd för att jag skulle välja livet, vid en tidpunkt när jag var mycket osäker på livet. När jag tog ett stort steg i min utveckling, fick Doug fler trauman i sitt liv genom sin ursprungsfamilj och han bearbetar fortfarande de problemen. Jag längtade efter genuin kontakt och just då kunde han inte vara i genuin kontakt med någon, inklusive mig och barnen, på grund av stor personlig smärta. Sedan dess har han gått vidare, tagit sig ur situationen, gift om sig med en underbar kvinna och fortsätter sin utveckling och expansion.

Jag lärde mig fantastiska saker om att vara i genuin kontakt, av mina barn. Jag lärde av dem när de var nyfödda, bebisar, småbarn, skolbarn, tonåringar och nu som vuxna. Jag är mig själv tillsammans med dem. Och de är sig själva. Det är egentligen inte mer komplicerat än så, att vara i det här tillståndet av genuin kontakt. Jag har insett att genuin kontakt med någon annan är sann och villkorslös kärlek. Mina barn öppnade mig för denna sanna och villkorslösa kärlek, jag lärde mig om genuin kontakt från dem. Genom den här villkorslösa kärleken läktes jag till att bli hel och jag har nu bättre kapacitet till genuin kontakt med andra.

De vänskapsrelationer som jag återupptog, fördjupades i sin förmåga till genuin kontakt. Nya vänskapsrelationer som jag gjort under senare år, har börjat och bibehållits i underbar genuin kontakt. Jag har upplevt villkorslös kärlek i mina vänskapsrelationer och samtidigt lärt mer om en djupare förmåga för genuin kontakt.

Alla de som jag just nu är i genuin kontakt med, känns som om de är medlemmar i min själsgrupp. Jag är ingen expert på själsgrupper, jag tror bara att de existerar. Jag ser människor och känner att jag alltid har känt dem. Jag erkänner helt enkelt för mig själv att vi måste vara medlemmar i samma själsgrupp och att vi faktiskt verkligen känner igen varandra på en energinivå. Vi är kamrater i samma själsgrupp, vilket ibland kallas själskamrater. Jag vet inte hur många individer det kan finnas i en själsgrupp. Jag tror att innan födseln, så gör vi något slags avtal med varandra, att inte bara hitta varandra igen utan att också stödja varandra att uppfylla vårt syfte på den här planeten. Det har varit lätt att hitta medlemmar från min själsgrupp, när jag en gång började bli uppmärksam på det. Det har varit lätt att skapa genuin kontakt med medlemmarna i min själsgrupp. Fullständigt villkorslös kärlek är en otrolig gåva mellan medlemmarna i en själsgrupp.

Jag har nämnt min tro på själsgrupper. Alla i en själsgrupp är själskamrater med varandra och det finns starka band med var och en. Bandet mellan själskamrater känns igen på känslan av att man känner varandra, fast man ofta inte har mycket av gemensam historia, om ens någon. Inom den större gruppen av själar finns det tvillingsjälar. Jag är lycklig nog att vara gift med min tvillingsjäl. Jag kände igen Ward omedelbart när jag mötte honom och visste att vi skulle bli livskamrater. Det fanns genuin kontakt från början. När vi lärde känna varandra bättre under den tio månader långa uppvaktningen, upptäckte vi vår djupa kärlek för varandra och vår känsla av samstämmighet. Vi upptäckte att vi ofta tänkte på samma saker samtidigt. Våra tankar var inte identiska för vi är unika, men vad som kunde kännas som en sammansmältning av intellekten var kusligt. Vi har en identisk känsla av syfte i världen och ändå olika idéer om hur vi kan uppfylla vårt syfte. Vi klarade av att sammanfoga våra idéer i en gemensam vision för vad vi vill arbeta mot. Även om vi båda har mängder av styrkor, så har vi båda sidor av oss själva som behöver läkas. Ward har styrkor där jag behöver läkning och han kan använda sina styrkor för att stödja mig att hitta min optimala hälsa på alla sätt. Jag har styrkor där han behöver läkning och kan använda mina styrkor för att stödja Ward att hitta sin optimala hälsa på alla sätt. Vi älskar varandra och är förälskade i varandra. Jag är mig själv tillsammans med Ward och han är helt sig själv tillsammans med mig. Den genuina kontakten mellan oss växer, expanderar och främjar oss båda. Vi är också engagerade av att lära oss av vår genuina kontakt med varandra.

Påminnelse till mig själv: Jag ämnar ha mera roligt med människor som jag har genuin kontakt med.

Din tur.

1. Om det som presenteras här är sant, vad skulle jag då se?
2. Om det som presenteras här är sant, vad skulle jag då höra?
3. Om det som presenteras här är sant, vad skulle jag då känna?
4. Om det som presenteras här är sant, vad skulle jag då veta?
5. Om det som presenteras här är sant, hur skulle det då kunna påverka mitt ledarskap?

Dömande och bedömningar

För att du ska få egna upplevelser när du läser det här kapitlet, inbjuder jag dig att reflektera över

1. Vilken färg kommer du att tänka på?
2. Vilken textur kommer du att tänka på?
3. Vilken metafor kommer du att tänka på?
4. Vilken dansrörelse kommer du att tänka på?
5. Vad lär du dig om genuin kontakt?

Förutfattade meningar (fördomar) och kritik kommer i vägen för genuin kontakt precis som rädsla kommer i vägen. Jag upplever att fördomar kommer från mitt mentala medvetande, från mina tankar. Jag är engagerad av att vara i genuin kontakt med människor och därför har jag genom åren valt att lära mig förstå en hel del om fördomar, så att detta inte skulle bli en onödig blockering i mitt liv. Genom självdisciplin har jag lärt mig att jag kan kontrollera mina tankar, genom att ta kommandot över vad de fokuserar på. När jag lär mig att ha bättre och bättre kontroll över vad mina tankar fokuserar på, så får jag färre och färre perioder av förutfattade meningar om andra som antingen bra eller dåliga. Jag hamnar fortfarande i perioder av fördömande innan jag blir medveten om att mina tankar har skingrats och att min energi slösas bort på sådana tankar. Jag tror att när det är som bäst, så är den tid jag använder på fördömande mycket liten och jag kan snabbt återskapa balansen i tankarna till något mera positivt. När jag talar med vänner, så inser jag att nästan alla har sådana perioder, där man behöver återföra tankarna till mer positiva saker och idéer och att tiden det tar att uppnå ett annat fokus, sedan man insett att tankarna vandrat till fördömande, blir allt kortare.

Förutfattade meningar är de dömanden jag gör, till och med innan jag mött en person. Jag kan döma en person som god på grund av allt jag hört om henne eller jag kanske dömer henne som besvärlig på grund av allt som jag trollat fram i mitt huvud om henne. I båda fallen så reducerar detta sannolikheten för genuin kontakt, för jag närmar mig personen med en mur som skapats av mina förutfattade meningar.

Förutfattade meningar är min analys av en person med utgångspunkt från vad mitt intellekt har gjort för att dela in information om personen i kategorierna bra eller dåligt. Förutfattade meningar om bra eller dåligt hindrar genuin kontakt. När jag har dömt, så har jag gjort en jämförelse, jag har kategoriserat, jag har utvecklat antaganden som stämmer överens med fördömandet och allt detta kommer i vägen för genuin kontakt.

När jag fokuserar mina tankar på att uppnå genuin kontakt så befinner jag mig inte i ett tillstånd av förutfattade meningar eller fördömanden. Jag ämnar helt enkelt ha genuin kontakt och låter det sedan ske. Ibland har jag genuin kontakt med en individ och ibland inte. Jag kanske ämnat ha genuin kontakt utan fördömande, medan den andra personen kanske uppfattar mig genom förutfattade meningar och fördömanden. När sådant händer, kan jag ibland vara neutral och bara gå vidare. Andra gånger känner jag mig sårad och ibland djupt sårad, eftersom personen inte sett mig som den jag är och placerat mig i en kategori som inte känns bra.

Jag har lärt mig att i sådana situationer finns det inget jag kan göra för att ändra den personens förutfattade meningar om mig, utom att fortsätta vara mig själv och invänta en möjlig förändring. Alla olika saker jag gjort för att försöka nå genuin kontakt med en person som har fördomar om mig, har visat sig vara lönlösa. Jag fortsätter erbjuda personen gåvan av mig som mig själv, varken mer eller mindre. Det är vad jag har att erbjuda. Jag är inte här i denna världen för att göra någon lycklig och sannerligen, att "göra" någon lycklig är en omöjlig uppgift. Jag är här för att vara mig själv och för att vara öppen för genuin kontakt.

Detta innebär inte att jag har en stor grupp människor som jag har genuin kontakt med regelbundet, så därför vill jag vill även ta upp frågan om bedömningar. Jag har ett ansvar att hantera min personliga energi, att ta hand om min livskraft så att den inte utarmas och att ha energi tillgänglig för att uppfylla mitt syfte på den här planeten. Även när jag uppnår genuin kontakt och det inte finns några blockeringar för den, så har jag inte regelbunden kontakt med alla de människor jag någonsin varit i genuin kontakt med. Jag inkluderar alla människor som jag någonsin varit i genuin kontakt med i mina böner varje morgon, för alla har varit värdefulla för mig och min utveckling och expansion. Jag hanterar vilka jag har regelbunden kontakt med genom bedömningar om min energi.

För att hjälpa människor förstå bedömning, använder Ward glass som metafor. Han säger att bedömning handlar om att veta att det finns olika smaker. Det finns till exempel choklad, jordgubb och vanilj. Bedömning innebär att man personligen föredrar jordgubb. Fördömande är om någon säger att vanilj är gott men choklad och jordgubb är dåligt. Jag hoppas du förstår skillnaden. Fördömanden står i vägen för genuin kontakt. Bedömningar tillåter genuin kontakt och tillåter mig att välja vilka jag känner mest harmoni med och därför vill spendera tid med. Bedömningar betyder inte att andra som jag varit tillsammans med är bra eller dåliga. Det betyder bara att jag hanterar min egen energi och väljer vilka jag vill vara tillsammans med och inte, helt enkelt genom hur mycket energi jag känner när jag är tillsammans med en person och hur uttömd jag känner mig när jag är tillsammans med en annan person. I båda fallen, kan jag vara i genuin kontakt med personen.

Den store Sufipoeten Rumi skrev så här om fördömanden: "Bortom alla idéer om rätt och fel så finns en äng. Låt oss mötas där." Tills jag var i trettioårsåldern, stötte jag på betydande problem i mina relationer med enskilda personer, för jag befann mig på den ängen och förstod inte att andra inte befann sig på ängen bortom idéer om rätt och fel. Jag upptäckte att jag kunde bli sårad av något som för mig verkade som om någon dömde mig och jag såg inte fördömandet komma. En gång sökte jag hjälp och terapeuten sa att jag inte skulle kunna avsluta terapin förrän jag lärt mig bli cynisk. Jag förstod det bara inte. Han ville att jag skulle lära mig ha förutfattade meningar om andra så att jag kunde skydda mig själv bättre. Idag ser jag på mina barnbarn och bevittnar deras totala avsaknad av fördomar och undrar hur och när de ska börja döma andra, om de kommer att göra det över huvud taget.

I fyrtioårsåldern hade jag blivit helt förvirrad av valet mellan att vara för öppen eller vara fördömande. Jag upptäckte att i hettan av känslomässigt laddade ögonblick, så kategoriserade mina tankar den andra personen som dålig eller bra. Jag var sannerligen fördomsfull. Detta hjälpte till att skydda mitt eget hjärta genom att inte komma för nära någon som var "dålig". Det hjälpte inte till med vad mitt hjärta och min själ visste var sant, nämligen att det inuti varje människa finns en inre kärna av godhet. Min interna strid för att ta reda på hur man kan vara mindre sårbar för smärtan och ändå öppen och i genuin kontakt, var frustrerande och tog emellanåt mycket av min energi. Vid fyrtiofyra års ålder mötte jag Ward och han har varit min största lärare om gränssättning, om att hantera min energi och använda omdömesförmågan för vilka jag vill vara tillsammans med och för hur länge. Jag insåg att hans förhållningssätt passade mig och gjorde slut på min frustration. Jag kan se det vackra ljuset i varje människa och utan att fördöma kan jag bedöma att mitt energifält och andras inte är i harmoni, så en relation med dem skulle dränera energin. Det handlar inte om att en av oss är bra eller dålig i den här situationen. Jag klarar helt enkelt av att bedöma vad som är rätt för min energi och på så sätt kan jag hålla fast vid gränserna för min energihantering.

Ibland kan det hända att en person som dränerar min energi är en medlem av familjen eller en nära vän som har fått förutfattade meningar om mig. Jag tar ett djupt andetag och suckar, för detta är en oerhört utmanande situation. Jag vill inte bryta kontakten med personen, även om det inte går att ha genuin kontakt när det finns fördomar. Ibland känner jag djup kärlek för personen. Ibland blir jag sårad av fördömandet. Vanligtvis blir jag förlamad eller vill fly eftersom jag inte vet vad jag ska göra. När någon av oss vill fly på grund av rädsla och vi inte agerar utifrån det, för att intellektet tar över med ord som "men hon är min mor", så blir kroppen ganska förvirrad. Den känner det fysiska gensvaret att fly och hålls kvar i situationen av intellektets vilja. Om detta varar länge nog, blir kroppen sjuk och det är en situation jag helst inte vill uppleva.

Jag önskar jag kunde berätta att jag kommit på hur man kan hantera sådana här situationer. Det har jag inte. Ett klokt råd skulle vara att man bör vara villig att bryta relationer med icke-harmoniska familjemedlemmar och nära vänner, när det inte går att ha genuin kontakt. För mig har det inte känts så lätt att göra det och jag arbetar fortfarande med att hitta vägledning för hur jag ska göra i sådana här situationer. Nu har jag kommit så långt att jag låter mina närmaste veta, vilka personliga regler jag har för att kunna engagera mig helt och fullt. Detta har lugnat ner några situationer. I andra situationer har det bara ökat de fördomar jag mött.

Jag önskar jag kunde ställa följande frågor till den person som dömer mig hårt. Eftersom jag inte känner att det är möjligt, så ställer jag dem till mig själv och ibland lugnar det också ner situationen, så att jag vet vad jag behöver göra för att hantera min energi.

- Älskar du dig själv?
- Känner du dig själv?
- Vet du hur kraftfull du är? Vet du om att din kraft tar slut där din rädsla börjar?
- Kan du sluta anklaga dig själv? Mig? Gud?
- Känner du dig fastlåst?
- Kan du tro på att universum är en välvillig plats som kommer att förse dig med det du behöver och vill ha?
- Kan du ha samtal i sökandet efter svaren på dina frågor, där du accepterar att allt du hör kommer från en förutfattad mening och ett särskilt regelsystem och faktiskt är en berättelse och inte sanning eller lögn? Är du medveten om ditt eget regelsystem? Allihop har vi dem.

Påminnelse till mig själv: Var öppen för svar om vad jag ska göra när en familjemedlem eller nära vän har fördomar om mig och jag inte känner genuin kontakt. Jag inser att i de här situationerna är jag rädd för förlust och ibland handlar min rädsla för förlust inte om den här personen, utan om andra som hänger ihop med oss. Jag är rädd för att förlora andra som jag älskar djupt och är i genuin kontakt med. Jag kämpar fortfarande med att förstå att jag älskas villkorslöst av dem, för annars skulle jag inte vara rädd. I min rädsla tillåter jag mig att ha ett mönster av att känna mig fastlåst, eftersom jag inte värdesätter min flyktrespons. Jag har haft fysiska symptom som ett resultat av denna själsliga och emotionella fastlåsning av mig själv.

När jag nu sitter och skriver, så inser jag att svaret ligger i mitt eget dömande av mig själv. När jag dömer mig själv, är jag då i genuin kontakt med mig själv? Troligen inte. Jag ska fortsätta skriva om genuin kontakt med mig själv och utforska om jag gör som jag säger. För mig verkar det som att om jag inte dömer mig själv, så skulle jag bryta kontakten med en familjemedlem eller vän som jag inte känner harmoni med för att jag känner mig dömd och jag skulle älska mig själv villkorslöst och veta att om jag förlorar någon i mitt liv som ett resultat av mina val, så är det okej.

Din tur.

1. Om det som presenteras här är sant, vad skulle jag då se?
2. Om det som presenteras här är sant, vad skulle jag då höra?
3. Om det som presenteras här är sant, vad skulle jag då känna?
4. Om det som presenteras här är sant, vad skulle jag då veta?
5. Om det som presenteras här är sant, hur skulle det då kunna påverka mitt ledarskap?

Anteckningar

Genuin kontakt med ett kollektiv

För att du ska få egna upplevelser när du läser det här kapitlet, inbjuder jag dig att reflektera över

1. Vilken färg kommer du att tänka på?
2. Vilken textur kommer du att tänka på?
3. Vilken metafor kommer du att tänka på?
4. Vilken dansrörelse kommer du att tänka på?
5. Vad lär du dig om genuin kontakt?

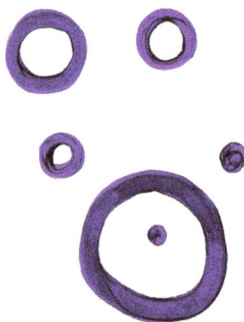

Finn din egen väg att nå genuin kontakt med ett kollektiv

En annan arena för din utveckling och expansion är kollektivets arena, som tillåter dig att skapa genuin kontakt med ett kollektiv av människor. Det kollektiv du känner bäst är troligen din familj. Du har räknat ut hur du ska kunna vara i genuin kontakt med din familj eller så har du inte det.

De kanske känner dig väl och tvärtom. En annan möjlighet är att de inte känner dig och de känner bara till den familjeberättelse de skapat om vem de tror att du är. Din familj kan vara ett kollektiv du väljer att vara i genuin kontakt med eller så är den inte det. Det är inget krav. Att vara i genuin kontakt med ett kollektiv kommer emellertid att stärka din utveckling. Under min utveckling kunde jag inte skapa genuin kontakt med min ursprungsfamilj. Jag är enda barnet och mina föräldrar slutade fungera som grupp när jag var mycket ung. Eftersom vi tre var invandrare i Kanada och inte hade några andra familjemedlemmar i landet, så fanns det helt enkelt inget familjekollektiv att relatera till. Jag längtade efter ett och jag längtade efter genuin kontakt med ett sådant kollektiv.

Ibland har mina ansträngningar att skapa genuin kontakt med ett kollektiv varit glädjefyllda, åtminstone för en tid. Jag säger åtminstone för en tid eftersom nästan alla kollektiv där jag varit med, vid en viss punkt följts av splittring och då har glädjen i att vara med försvunnit. I några situationer har jag upptäckt att kollektivet sedan fungerat mycket bra utan mig, för jag var inte överens om kollektivets värderingar. Jag tänker på en kvinnogrupp som jag var med i, som ville lyfta fram kvinnor som var ledare. Jag stämde in, med glädje. Sedan utvecklades en ny energi med andra värderingar i gruppen. Den förde med sig en tyst överenskommelse om att man, för att vara med i gruppen, skulle ogilla män. Du kanske också upplevt sådana här tysta överenskommelser som aldrig egentligen uttalas och ändå vet du, att om du inte håller med om den tysta överenskommelsen, något som jag refererar till som politiskt korrekt för gruppen, så undviker man dig och du behandlas som en utomstående.

Jag tror vi befinner oss vid en tidpunkt i vår mänskliga historia då vi kommer att räkna ut hur man fungerar inom kollektiv, där vi kan skapa genuin kontakt genom att ta med hela vårt jag in i kollektivet, bli accepterade för hela den vi är och acceptera andra, på ett sätt som är livgivande och icke-fördömande. Jag talar inte om de kollektiv där man bara kan behålla sin plats om man döljer delar av den man är, för att passa inom det som är politiskt korrekt för gruppens sammanhållning.

För mycket länge sedan när jag var elva år, frågade min far mig för första gången vilket som är starkast – kärlek eller hat. Jag har alltid svarat att kärleken är starkare. Nu är min far åttioåtta år och han fortsätter fråga om jag räknat ut svaret på den här frågan. Jag fortsätter svara att kärleken är starkare. Han fortsätter skaka på huvudet och säga att historien inte stödjer min övertygelse. Hans bild är att ibland har människor stillestånd mellan krig, bataljer och olika slags konflikter och detta är egentligen inte fred. Han säger att människor har stått mot varandra från början och att någon slags konflikt alltid har pågått. Perioderna av stillestånd är fyllda av rädsla och människan är inte fri från rädsla under de perioderna.

Om människor inte var rädda under stillestånd eller i fredstid, så skulle nationerna avrusta utan fruktan, grannar skulle utan rädsla låsa upp sina dörrar och städerna skulle inte behöva polisen. Han frågar om det jag ser stödjer att kärleken är starkare. Jag säger att människan har utvecklats och att det är en ny tid och att i denna nya tid kanske vi kan räkna ut hur kärleken ska segra. Han frågar om jag tror att jag kommer att se det under min livstid. Jag måste erkänna att jag inte vet det, men att jag, när jag ser in i barnbarnens ögon, är säker på att om vi gör saker annorlunda nu, så kan de under sin livstid få se att kärleken är den starkaste kraften.

Genuin kontakt med familjen

Kanske var det min fars frågor när jag var elva år, som ledde mig in på vägen att finna ett svar på frågan om kärleken är den starkaste kraften. Trots hans skepticism, visste jag någonstans djupt inom mig, att mitt svar var rätt trots mängder av bevis på motsatsen. Detta var vid en tidpunkt i mitt liv då jag kunde titta på varje människa och se – ja, faktiskt se – godheten och kärleken i dem. Jag hade många chockerande upplevelser längs vägen, då det beteende jag upplevde från vissa inte stämde med det vackra ljus jag såg i dem. Det dröjde faktiskt ända till någon gång i trettioårsåldern, innan jag förstod att det inte var jag personligen som framkallade de här beteendena och att det verkligen fanns en avvikelse mellan personens vackra inre kärna och deras beteende. Pust. Vilken läroresa detta var. Jag kommer ihåg att jag sa till folk "Jag önskar att du visste hur änglarna ser dig", för jag var säker på att änglarna skulle se den skönhet som människan hade under sitt ibland missriktade beteende.

Jag gjorde ett val. Jag kunde antingen tro på min fars slutsats att hat var den starkaste kraften eller göra något med mitt liv för att visa att kärlek var starkast. Mitt val blev att göra något som visade att kärlek var den starkaste kraften. Jag hade några motgångar, bland annat ett äktenskap som tog slut. Min far frågade mig vilken kraft som vann inom mig. Jag omgrupperade efter mina besvikelser och sa att kärleken var starkast. Min exmake och jag utvecklade en vänskapsrelation och definitivt inte hat. Upplevelsen gav mig ny och osäker kunskap om genuin kontakt. Min första make var äldst av sju syskon. Jag trodde jag kom med i kollektivet när jag gifte mig med honom, bara för att upptäcka att de egentligen inte kände mig och att jag inte tagit med mitt hela jag in i äktenskapet, för jag visste att mitt hela jag skulle bli avvisat av min exmake och hans familj. Jag ville så gärna vara en del av en familj, att jag var villig att kompromissa viktiga bitar av mig själv för att få vara med. När jag till slut upptäckte att jag inte längre kunde överge delar av mig själv, så tog äktenskapet slut och jag förstod vilket pris jag betalat för min oförmåga att ta med hela mitt jag in i äktenskapet och kollektivet med genuin kontakt.

Då hade vi fyra barn och ja, det är möjligt att ha fysisk kontakt, utan att ha genuin kontakt som inkluderar hela ens jag i sin fulla sårbarhet. Under äktenskapet hade vi den mängd kärlek som vi var kapabla till just då, när båda kom från hem där vi inte fått grunderna för att kunna uppleva villkorslös kärlek. Jag hade möjligheten att forma ett kollektiv tillsammans med de fyra barnen, när de var sju, åtta, elva och tretton. De besökte naturligtvis sin far. Det var ändå barnen och jag som utgjorde en kollektiv enhet efter skilsmässan. Jag är evigt tacksam mot de här fyra barnen för att de lärt mig om kollektiv som fungerar, med villkorslös kärlek mellan medlemmarna.

Särskilt som tonåringar, testade de mig med varje tänkbar lektion de kunde ge mig och lyckades precis undvika att sluta i fängelse eller allvarliga bilolyckor. Vi kommer att dela med oss av några av de här berättelserna på Genuine Contact Ways webbplats, där du får lära känna var och en av oss. Jag vet att de som vuxna, nyligen träffades en kväll och hade väldigt roligt åt sådant de gjorde som deras mor aldrig fick reda på. Jag tror du ser bilden framför dig. Genom några av sina val, hamnade de i åtskilliga svåra situationer, som när David och Aaron kröp ut genom fönstret mitt i natten för att skaffa glass. De gjorde också saker som var fantastiska och underbara, som att stå upp för sina värderingar. De stod upp för varandra och för mig och de grälade också en hel del.

Deras bråkande var ibland mer än jag kunde hantera och det säkraste sättet att stoppa bråket var att använda min makt som mor och låta dem veta att om de fortsatte så skulle det få konsekvenser. I ett sådant ögonblick satte de omedelbart sina skiljaktigheter åt sidan och formade en intakt enhet för att hantera auktoritetsfiguren i form av modern. Vid andra tidpunkter, särskilt när vi åkte på äventyr som vi ofta gjorde, så upplevde vi vår glädje som kollektiv. Genom det här kollektivet har jag lärt mig om villkorslös kärlek. Jag har alltid älskat mina barn villkorslöst. Jag har också upplevt deras villkorslösa kärlek för mig och för varandra och andra människor. Detta var en helt ny lärdom för mig.

För ett tag sedan upptäckte jag att jag behövde ha ett viktigt och allvarligt samtal med min svärson Phil. Jag är faktiskt svärmor också. Detta var den sorts samtal som svärmödrar verkar behöva ha, när de känner att något är fel. Phil samtyckte till samtalet men berättade för Rachel att vår familj inte var normal, för vi gillade att tala igenom saker istället för att ignorera problemen. Jag kom dit och han mötte mig i dörren och lämnade snabbt över mitt lilla barnbarn till mig, för han visste att hon skulle få mitt hjärta att smälta. Jag tyckte det var en bra strategi och uppskattade att få hålla henne. Sedan gav jag henne till hennes mamma och vände mig till Phil för vårt samtal. Han såg på mig, flyttade nervöst på fötterna och sa att han samtyckte till samtalet men visste inte hur man gjorde. Han berättade att i hans familj så sopade man alltid allt under mattan, så det här sättet att tala igenom saker var nytt för honom. Han var bra på att prata. Vi enades om att vi kunde fortsätta på ett bra sätt och jag ser att han nu verkar initiera samtal.

Vi firade nyligen Aarons giftermål med Steph, en händelse som tillät oss att samla vår stora lapptäcksfamilj. Vid de här tillfällena känner jag en sådan glädje mitt i all kärlek och alla kramar. Som ett starkt bevis på den kärlek som råder i det här kollektivet som skapar genuin kontakt, så kom Dougs fru Bonnie-Jean och hade ett viktigt samtal med mig. Hon uttryckte sin djupa uppskattning för att hon var så totalt accepterad av vår familj och hur hon, för första gången, kände sig som om hon hade en riktig familj som ärligt accepterade varandra och även henne. Hon hade tårar i ögonen. Jag såg på henne och sa "Självklart". Hon såg på mig och sa "Men jag hade inte förväntat mig detta" och gav mig en stor kram. Personligen tror jag hon är en väldigt bra fru för Doug och en fantastisk bonusmor för mina barn och jag är tacksam mot henne för detta. Hon är en viktig medlem i vårt kollektiv.

Rachels berättelse
(som skrevs när hon var tjugotvå)

Här följer en berättelse som Rachel skrev när hon var tjugotvå och skickade till e-postlistan för nätverket Open Space Technology. Det Open Space som hon refererar till är det öppna utrymme där hon genuint kan vara sig själv och hon associerar det med mötesmetoden Open Space Technology, som skapar en container för genuin kontakt i ett kollektiv.

Så som Open Space har utvecklats, så har många människor börjat undra om det är ett bra sätt att uppfostra barn på. Eftersom jag uppfostrats i en värld av Open Space, så tror jag att jag är ganska kvalificerad att säga att svaret är ett kraftfullt ja.

Alla som praktiserar Open Space vet att det mycket snabbt blir mer än den mötesmetod som det ursprungligen var tänkt som. Det blir snabbt ett sätt att leva. För många tror jag att den logiska frågan blir "Hur implementerar jag detta i mitt familjeliv?"

Även om termen Open Space inte hade definierats som Open Space när jag föddes, så tror jag att hela mitt liv har förflutit i Open Space. För mig innebär definitionen av att leva i Open Space, att leva i en omgivning som har skapats för att tillåta mig nå mitt kreativa jag, en omgivning som är tillräckligt trygg för att jag ska lära mig vara mitt autentiska jag. Det är att leva i ett utrymme som har lämpliga strukturer för att jag ska kunna utveckla och definiera min individualitet.

Jag vill inte ge intrycket att Open Space är en sorts ny religion eller kult, men Open Space har också tillåtit mig att nå själen på sätt som jag aldrig insåg var möjliga. Organiserade religioner har aldrig varit något för mig. Jag säger inte att de är fel eller att alla ska vända ryggen till dem. De var bara inte rätt för mig. När utrymmet är öppet, så tror jag att det tillåter utrymme för själen att komma in. Det tillåter att en större och andlig resa tar sin början. För mig hänger Open Space och Anden ihop, vilket kommer att speglas i den här berättelsen.

Jag tror att det skulle vara mycket besvärligt att åta sig att fostra sina barn i Open Space. Som förälder har man redan så många orsaker till oro, så att lägga till Open Space i den mixen skulle vara skrämmande. De som faciliterat Open Space-möten förstår rädslan. Man arbetar hårt för att skapa en händelse som bara varar några dagar. Under de här dagarna ska man på något sätt hålla utrymmet öppet för deltagarna. Det finns många tillfällen då man vill lägga sig i. Ge svaren deltagarna söker istället för att vänta på att de uppmuntrar sig själva att hitta sina egna svar. Föreställ dig att du ska försöka hålla det utrymmet för dina barn. Hålla det under hela livet. Som förälder måste du ibland lägga dig i, om det föreligger fara för dina barn eller för andra eller om det helt enkelt bara är farligt. Föreställ dig att du vill lägga dig i och du vet att ditt arbete är att hålla utrymmet och låta dina barn utvecklas i det organiserade kaos du skapat för dem. Jag applåderar de som har modet och önskar lycka till.

Att som barn leva i Open Space är också skrämmande, men jag tycker inte att det är dåligt. Som deltagare i ett Open Space-möte kan man känna rädsla. För många deltagare är det första gången i sitt liv som någon givit dem kontrollen. Kontroll över vad du gör och vad du säger. Kontroll över din egen framtid. Att kunna göra val som gör saker bättre, istället för att bara gnälla

med dina kollegor över hur du önskar att det vore. Det finns
rädsla när man måste välja vad man ska göra och säga. Det finns
rädsla när man får kontrollen över sin framtid. Det finns rädsla
med att välja, för dina val kanske inte gör saker bättre. Dina val
kanske inte är de rätta. Vad gör du om dina val inte är rätt?
Att vara ett barn som lever i Open Space är inte lika skräm-
mande som att första gången vara deltagare i ett Open Space-
möte. I barndomens oskuldsfullhet inser du inte att detta inte
är normen. Jag levde i lycklig sällhet. Jag kunde fatta mina egna
beslut, naturligtvis med stöd av min förälder. Jag uppmuntrades
att följa mitt hjärta. Jag ville ta balettlektioner så jag tog balettlek-
tioner. Jag ville byta till steppdans så jag bytte till steppdans. Jag
ville lära mig spela piano, så vi köpte ett piano och jag tog lek-
tioner. Jag blev 13 och ville inte hålla på med det längre, så jag
slutade. Det fanns ingen press på mig. Det var inget jag ville hålla
på med längre, så då var det slut. Och det var okej.
Jag var aldrig rädd att fatta egna beslut. Jag är säker på att
när jag var ung, så fick jag mycket vägledning av mina föräldrar
men i slutändan var det ändå jag som fattade besluten. Jag lärde
mig mycket om att fatta beslut och om konsekvenserna av
besluten, när jag var mycket ung. Vi skämtar fortfarande om
hur mina föräldrar brukade muta oss när vi var barn, men jag
tror att det var ett mycket effektivt redskap för att vi skulle
lära oss. Jag hade en spargris som barn. Det var ingen vanlig
spargris, jag är ganska säker på att det i verkligheten var en
glasburk. När jag var snäll eller gjorde bra saker, så fick jag
lägga en spelmarker i burken. När jag var stygg eller gjorde
destruktiva saker så tog mamma bort en spelmarker ur burken.
När det fanns 100 marker i burken, fick jag gå till leksaksaffären
och välja en ny leksak. Det var verkligen en bra lärdom för

mig. Jag tror att de här markerna haft livslång påverkan på mig. Jag väger sannerligen mina beslut innan jag fattar dem. Och ända tills idag belönar jag mig själv med en ny leksak (vanligen kläder eller cd-skivor) när jag varit särskilt duktig.

Att leva i den trygga omgivning som Open Space skapar, lärde mig också att vara mitt autentiska jag. Jag har aldrig varit rädd för att berätta om sådant jag tror på. Jag har aldrig varit rädd att ta ansvar för det som har hjärta och mening för mig. Jag tror att jag var åtta eller nio år, när jag för första gången insåg att om jag valde att leva livet på det här sättet, så kunde det få omskakande konsekvenser för mig. Det gick aldrig upp för mig att det fanns något annat sätt och jag blev verkligen chockad när jag insåg att alla inte levde så här. Till och med då visste jag, att det var som det skulle vara.

När jag var mycket ung bodde vi i ett litet samhälle med ungefär 1000 invånare. Alla kände alla. Det fanns ett slags gemensamt band som förenade alla och ofta var det barnen. I samhället fanns det omkring 20 eller 25 barn i min ålder. Vi gick alla i samma förskola och alla började lekskolan tillsammans. Vid den åldern förstår man inte de kotterier som utvecklas i samhället, så alla är vänner oavsett vilka skillnaderna är. Men så småningom händer något som förstör övertygelsen om att alla är jämlika och man går skilda vägar. Det som hände mig var att en ny flicka flyttade in i grannskapet. Hon hade mycket pengar och ett häftigt hus. Hon var söt och smal och helt perfekt. Alla ville vara vän med henne, så även jag. Och det var vi allihop, förutom några stycken.

Hon verkade kanske helt perfekt men i verkligheten var hon inte det. Hon var född till ledare, vilket inte är något dåligt, förutom att det gjorde henne till ett mycket dominerande barn.

Det var hennes sätt som gällde eller inget alls. Jag kunde inte förstå eller acceptera idén att någon annan skulle tala om för mig vad jag skulle göra. Jag ville inte acceptera det och avvisade det bestämt. Jag tror inte någon gjort så mot henne förut och om de hade det, så är jag säker på att exakt samma sak hände dem som det jag fick uppleva. Jag avvisade hennes kontroll och hon avvisade mig. När hon gjorde det, så gjorde alla andra det också. Plötsligt var jag en bland de där andra och förstod inte varför. Jag kunde inte förstå varför alla skulle alliera sig på det sättet och bara godtyckligt bestämma sig för att inte längre vara mina vänner. Lösningen var enkel, eller hur? Låt henne behålla kontrollen och jag skulle få tillbaka alla mina vänner. Men det var inte så enkelt. Jag kunde inte backa från min övertygelse. Även vid så unga år var jag klar över att jag inte ville ge upp kontrollen över mitt liv, även om det innebar att jag fick försaka de här vännerna.

De händelser som skedde i tonåren var också mycket påverkade av Open Space. Som barn hade jag den lämpliga struktur jag behövde. Den hjälpte mig att känna mig trygg, att lära mig fatta beslut och att förstå att mina beslut hade konsekvenser. Genom Open Space och mina föräldrars visdom blev jag uppmuntrad att följa det jag hade engagemang för. Strukturen utvecklades i takt med att jag växte. Eftersom jag var liten, så fanns det lite utrymme för kaos i den här strukturen, men det fanns fortfarande med.

Sedan blev jag, ganska plötsligt, tonåring. Och för de av er som håller andan och väntar så nej, att ha blivit uppfostrad så här hindrar inte tonårstrotset från att visa sig. Vi når alla en punkt i livet då vi måste kräva vårt oberoende. De av er som kommer ihåg de här åren, minns säkert att jag var ganska duktig på tonårstrots.

I den åldern verkade det finnas två sorters föräldrar. Det fanns de som var mycket involverade i barnens liv och i de flesta fall mycket kontrollerande när det gällde vad barnen skulle göra. Deras barn arbetade hårt, antingen för att leva upp till föräldrarnas alla förväntningar eller för att se till att de inte levde upp till några. Det fanns också föräldrar som inte verkade bry sig om sina barn. De här barnen arbetade mycket hårt, men då för att få sina föräldrar att lägga märke till dem. Antingen gjorde de allt perfekt eller så gjorde de allt "dåligt" de kunde hitta på, för att dra uppmärksamheten till sig.

Min mamma hamnade inte i någon kategori. Hon var mycket involverad i våra liv. Men hon arbetade mycket hårt för att försöka att inte kontrollera oss och hon satte inte upp orealistiska förväntningar för oss. Hon försökte inte heller kontrollera våra vänner och förväntade sig inte för mycket av dem heller. På grund av detta var och är min mamma ansedd som en "cool" mamma.

Hon gav oss utrymmet och på samma gång tryggheten att experimentera med nya saker. Några av experimenten var bra och hon gav sitt bifall. Andra var inte så bra och hon uttryckte sitt missnöje. Men hon var aldrig avståndstagande och det gav oss modet att fortsätta utforska nya saker. Strukturen utvecklades i takt med att vi utvecklades. Hon höll utrymmet och fattade de beslut som hon kände var bäst. Hon gav oss råd i vår sorg och delade vår glädje. Det var verkligen inte perfekt, men det var bättre än de flesta andra situationer.

När jag utvecklades, så utvecklades mina vänner eller försökte åtminstone. De gjorde också sitt bästa för att bli vuxna. De prövade också nya saker och försökte bestämma sig för vad de ville göra med sina liv. Men de hade en mycket annorlunda situation. De flesta av mina vänner fattade den sortens beslut som leder till dåligt beteende, för att de skulle få uppmärksamhet. Och det fungerade. Oftast bestod utbytet mellan dem och föräldrarna av en massa skrikande. Inte ens när de fattade bra beslut, fick de något erkännande från föräldrarna.

Det var första gången i mitt liv, som jag var i en position där jag kunde observera hur andra personer interagerade med sina föräldrar. Det var verkligen chockerande att inse att inte alla hade samma sorts relation till sina föräldrar som jag hade. Det var verkligen mycket uppskakande att inse, att inte alla uppmuntrades att följa sitt hjärta och fatta de rätta besluten. Jag var mycket tacksam att jag hade de möjligheter och det stöd jag hade.

Så småningom tar vi oss allihop igenom de här åren. Många av de personer jag var vän med, kämpar fortfarande för att hitta sitt oberoende och sin identitet, fast de nu är i tjugoårsåldern och lever på egen hand. Jag inser att vi alla hela livet strävar efter att få veta vilka vi verkligen är, men några få lyckliga som jag, har som unga vuxna fått en bra grund att utgå ifrån. Det var en stor chock för mig att inse att inte alla har den grunden.

Under mitt sista år på gymnasiet stod min mamma inför, vad jag tror var en av hennes största utmaningar när det gällde att hålla utrymme för mig. Jag hade redan bestämt mig för att fortsätta till college och inte till universitetet. Jag hade redan bestämt att jag ville jobba med media men jag visste inte vad. Radio? Morgontidningar? Veckotidningar? Internet? En reklambyrå? Television? Mina föräldrar hade lovat betala för min collegeutbildning men det fanns inte tillräckligt med pengar för rum och mat. Så jag tänkte att mina val var begränsade till de skolor som fanns inom köravstånd från hemmet (Hamilton, Ontario). Sedan bestämde sig min pappa för att flytta till Calgary, Alberta.

Det föll mig aldrig in att jag kunde flytta så långt bort för att gå i skolan, förrän min mamma föreslog det. Det var så modigt och osjälviskt av henne att göra så. Och det var det beslutet jag fattade. Hon klarade att hålla utrymmet öppet för mig så att jag kunde besluta mig för att flytta till andra sidan landet, lämna allt välkänt bakom mig och följa mitt hjärta.

Jag flyttade i juli 1997, när jag var 18. Jag bodde med min pappa, men jag var tvungen att lära mig ett helt nytt sätt att leva. Till en viss gräns så fortsatte min mamma att hålla utrymme för mig och gör det fortfarande. Men utan att egentligen förstå, hade jag lärt mig hålla utrymme för mig själv. Att vara verkligt oberoende. Min resa har varit otrolig, som en berg- och dalbana, upp och ner, med många, många spiraler, först sakta, sedan plötsligt ganska fort för att sedan sakta ner igen. Med hjälp av den uppmuntran och trygghet jag fått, har jag följt mitt hjärta. Varje dag arbetar jag i ett fantastiskt nätverk och vet att jag fortfarande lär mig och gör exakt det jag är ämnad att göra.

Principerna i Open Space har lärt mig så mycket. Om det uppstår en situation som jag vill delta i, så lämnar jag den inte. Jag hittar ett sätt att få det att fungera. Jag slösar inte bort min tid med att fundera över "vad skulle hänt om" eller "om jag bara gjort". Om något inte passar mig, så är jag inte rädd att lämna det, säker på att det finns något annat jag ska göra.

På samma gång har Open Space fört in Anden och en otrolig frid i mitt liv. Jag vet att vad som än händer är det enda som kan hända. Men jag vet också att jag var den som tillät de sakerna att hända. Jag skapade de här situationerna. Jag är ansvarig för vad som än händer. Jag gör de val som tillåter mig att få de lärdomar jag behöver ha och att göra det arbete jag är ämnad att göra.

Jag är inte säker på hur mycket av min uppfostran som är ett resultat av bra föräldraskap och hur mycket som är ett resultat av att leva i Open Space. Jag är inte ens säker på att detta är två olika saker. Jag tror de kompletterar varandra ganska bra. Jag tror att de verkligen är sammanflätade så att de inte kan skiljas åt. Att vara facilitator för en grupp är ganska likt att vara förälder. Man måste på något sätt hitta sitt sätt att göra det. Man vill hjälpa men inte kontrollera. Open Space erbjuder verktyg för att klara av detta.

Resan har varit svår. Att fatta beslut som är sanna mot sig är inte alltid lätt. Min erfarenhet är att detta faktiskt oftast är de svåraste valen. Men i slutändan är det de som ger lön för mödan. Jag vet att jag gör det som är rätt för mig och att det är det som är viktigast. Jag säger inte att alla mina val i livet har varit perfekta. Jag har faktiskt gjort några ganska dumma val. Men jag har också haft modet att erkänna att de var fel och gjort något åt det.

Så länge jag kan minnas, har jag uppmuntrats att följa mitt hjärta och min dröm. Under de sista åren har jag följt den vägen, osäker på vart den skulle leda. Uppmuntran att bara göra det jag har engagemang för, ledde in mig på en mycket skrämmande resa, där jag flyttade från familjen och allt jag kände till för att leva på andra sidan landet. Ledde mig att tillbringa tid i andra länder och på obekanta platser för att lära och utvecklas. Att hoppa in i ett företagande som fortfarande ses som "mäns arbete" för att kunna göra skillnad. Inget av detta hade hänt om jag inte haft det stöd och den uppmuntran som min familj och även Open Space erbjuder.

Detta stöd ligger bortom den kärlek och det stöd en mor kan ge. Det är genom att se vilka underbara saker som kan hända, när man litar på principen att vad som än händer är det enda som kan hända, som jag fått mod att följa mitt hjärta. Att jag fått utrymme att fatta egna beslut om sådant som har hjärta och mening för mig och fått stöd av att veta att någon tror att jag och min visdom är värdefulla, har tillåtit mig att använda kreativa delar av mig själv och hitta vad det är som jag älskar att göra.

Open Space ger deltagarna chansen att skapa en vision om sin framtid, framtiden sådan den kan bli om vi följer den väg vi går nu och framtiden sådan den kan bli om vi följer den väg vi vill gå. Att få den här chansen att se hur framtiden kan bli, är på samma gång en stor välsignelse och en riktig strapats. De val man gör för att kunna följa den rätta vägen är inte alltid enkla och att berätta för sig själv att glädjen finns vid resans slut, hjälper inte alltid.

Även om jag inte bor hos min mamma längre och inte har gjort det på ett tag, så påverkar fortfarande Open Space mitt liv varje dag. Det är inte bara en mötesteknik, det är ett sätt att leva och jag lever det. Jag vet att det inte är det enklaste sättet att leva på. Att möta sin sanning och leva den är svårt. Jag har förlorat vänner på grund av det. Jag har flyttat halvvägs över landet för att följa min dröm och lämnat allt välbekant bakom mig på grund av det. Det har troligen varit orsak till mycket av min smärta. Men oavsett hur svårt det ibland ser ut, så har jag lärt mig att lita på att allt händer för att det är det som behöver hända. Jag har lärt mig att med smärtan följer också mycket glädje. Jag har lärt mig att detta att vara mitt autentiska jag är det enda sättet att leva, även om det kan vara ett svårt sätt. Det är det bästa sättet. Det är inte bara det att du kan se dig själv i ögonen varje morgon, du kan tycka om det du ser.

Tack mamma!

Med kärlek, Rachel

Påminnelse till mig själv: Jag väljer att fortsätta vara uppmärksam på en ständigt ökande mängd av öppet utrymme för mina vuxna barn och att hitta sätt att njuta av våra underbara kärleksband och vår relation med varandra, utan att blanda mig i hur de skapar sina liv.

Genuin kontakt med andra kollektiv

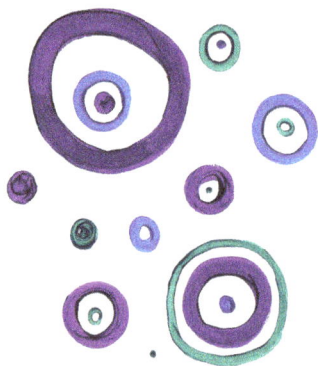

Efter många lärdomar om vad som ger mig glädje när jag deltar i somliga grupper och den kontrast jag upplever då jag deltar i andra där jag inte känner glädje, så väljer jag nu, efter noggrann bedömning, kollektiv där mina energier stämmer in och som jag är villig att vara i genuin kontakt med. Någon gång i min utveckling i framtiden, så kanske jag kan samordna mig med vilken grupp som helst. När jag med min nuvarande utvecklingsnivå skapar genuin kontakt med ett kollektiv, så vet jag inte om detta är vad framtiden har att erbjuda. Så för närvarande är jag intresserad av organisationer som samlas för att skapa harmoniska, vackra förbättringar på den här planeten. Den här sortens kollektiv kan man hitta på alla områden, regeringar, religiösa grupper, utvecklingsorganisationer, folkrörelser, tjänsteföretag och familjer. Jag är inte intresserad av att samordna mig eller mina energier med kollektiv som utvecklats från rädsla eller hat. Den typen av organisationer kan man också hitta bland alla de jag just nämnt. De förstnämnda, där alla är med för att använda sin personliga kraft på rätt sätt och där man har förflyttat sig bortom tvistande om sina begränsningar som individ och som grupp, har en obegränsad potential för att nå harmoniska, underbara förbättringar för varelser på den här planeten och för planeten själv.

Vi har mycket att lära om att arbeta i grupp på ett sådant sätt att den utvecklar sin styrka utan att splittras. Det får konsekvenser för tillståndet av varande för varenda medlem i kollektivet. Personlig motivation och dagordningar behöver samordnas med gruppens större syfte. Det behövs ett klart och tydligt syfte som vägleder alla handlingar och beslut, ett värdebaserat ledarskap som kan innebära gemensamt ledarskap, skapandet av tilltalande visioner som samtidigt låter individer inom kollektivet nå sina privata visioner, samarbete som måste tillåta att hela människan deltar, organisering som måste stämma med syfte och vision samt överenskomna regler för hur man kan engagera sig.

Varandets tillstånd för varje medlem

Jag har upptäckt att det är enklare och mer tillfredställande att skapa genuin kontakt med kollektiv som består av medlemmar som engagerar sig i det egna växandet, utvecklingen och lärandet och som inte är rädda för att räkna ut hur de kan vara allt de är. Det är mycket enklare, för i sådana grupper följer medlemmarna med när någon kämpar med vad som kan kallas skuggan av sig själv. Man ledsagar personen i hennes växande men utan att rädda henne eller på annat sätt döma situationen som något annat än ett utvecklingsstadium. Jag tycker inte att människor i kollektiv där jag ska känna mig bekväm, måste ha uppnått ett särskilt stadium. Jag blir faktiskt lite nervös när

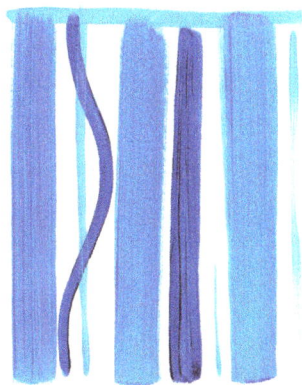

människor tror att de nått någon slags upphöjd nivå. För mig blir det som en kungörelse om att om jag inte kan möta deras förväntningar, så passar jag inte in. Eftersom jag lever mitt liv så bra jag kan, på sätt som inte försöker uppfylla några "måsten" från andra som inte är del av vad jag är vägledd att vara eller göra, så är jag inte intresserad.

Personlig motivation och agenda som överensstämmer med det större syftet i kollektivet

Alla har sin personliga motivation till varför de gör saker och varför de engagerar sig. Du har din och jag har min. Vi har också vår egen känsla av vad syftet är. Jag väljer att skapa genuin kontakt med kollektiv där jag känner att min känsla för syftet och min motivation i livet stämmer överens. Detta är en av mina bedömningspunkter för om jag ska delta i vissa organisationer och inte i andra. När jag gör mina val, så handlar det inte om att bestämma om en är bra och en annan på något sätt är dålig. Det är inte min sak att döma på det sättet. Jag kan bara bedöma i relation till min känsla av överensstämmelse.

Ett klart och tydligt syfte för kollektivet

Varje kollektiv har ett syfte till varför det dragit till sig en grupp människor. När jag bedömer min överensstämmelse med en grupp, så vill jag veta vilket syfte den har och om den fokuserar sin energi på att uppfylla detta. Ett litet exempel ur mitt liv, där jag behövde göra en bedömning, är då jag anslöt mig till en bokklubb när jag flyttade till North Carolina. Jag var ivrig att få vänner i mitt nya hem och hade hört att ett bra sätt var att gå med i en bokklubb. Under några av mötena upplevde jag stor glädje. Jag läste troget månadens bok, antecknade och kom dit, redo att diskutera boken. De flesta av kvinnorna som var där, smuttade på ett glas vin under samtalen och jag smuttade på mitt mineralvatten. Jag kände samstämmighet, närhet. Jag var intresserad av att vara i genuin kontakt med den här gruppen av kvinnor. Sedan gjorde de en förändring och meddelade att de ville ha sina månadsmöten i en bar. De skämtade om att de inte behövde böckerna längre, så länge det fanns vin och ett bra samtal. Jag slutade gå dit. För mig var överensstämmelsen (syftet) borta.

Ganska ofta när det gäller folkrörelser och ideella organisationer, så finns det ett syfte som människorna i organisationen arbetar efter och ett helt annat som är det som är finansierat. Organisationen, som för att överleva behöver källor för kontinuerlig finansiering, ansöker om och accepterar pengar som inte handlar om att de ska uppfylla sitt syfte. Det slutar med att människorna, för att kunna fortsätta arbeta för organisationen, måste ange att organisationen existerar för ett syfte trots att de i verkligheten arbetar för ett helt annat, för att organisationen ska få fortsatt finansiering. Detta ligger utanför dess integritet och inre överensstämmelse och som ett resultat uppstår splittring. Jag väljer att inte gå in i kollektiv som uttalar ett syfte och fungerar från ett annat, hur välmenande det än må vara. Detta är ett recept där kollektivet inte kan ha genuin kontakt med sig själv, för det lever en lögn.

Värdebaserat ledarskap

Jag är intresserad av att vara i genuin kontakt med kollektiv som åtagit sig att ha ett värdebaserat ledarskap. De kanske inte räknat ut allt ännu. Det finns verkligen inte bara ett sätt att uppnå ett värdebaserat ledarskap. Jag är villig att vara med på den resan. Jag känner överensstämmelse när andan i kollektivets intentioner är för värdebaserat ledarskap, särskilt av en sort där tjänande ledarskap finns med i bilden.

Tilltalande visioner som låter individer uppnå personliga visioner

Precis som att alla har en känsla av sitt syfte för att existera, så har de också en vision för sina liv. Ja, några hävdar sina begränsningar och gör sig mindre än de är eller gör sig till och med till offer istället för att ansluta till sin personliga kraft. Till och med då finns det en dröm, en vision, under alltsammans. Ett säkert sätt att upptäcka drömmen eller visionen är att fråga personen vad han eller hon drömde om att bli när de var små. Genuin kontakt är möjlig i kollektiv som har tilltalande visioner, som människor kan känna stämmer överens med deras egna visioner.

Gemenskap som tillåter hela människan att vara närvarande

Nyligen i en mentorcirkel för Genuine Contact Professionals, satte min vän Sabine upp samtalsämnet "att vara i Genuine Contact innebär inte att man alltid är trevlig". Det rörde upp en massa diskussioner och det förekom ett större antal incidenter där människor sa ovänliga saker, än vad man kunde förväntat sig. Spänningen låg i luften. Det var nästan som om man berättat att den heliga kon inte existerade. Jag var fascinerad, för de människor som samlats var verkligen inställda på att skapa tillstånd där hela människan kunde komma och delta och på att vara i genuin kontakt. Så vad hände här? Fanns det någon sorts outtalad illusion om att genuin kontakt alltid skulle kännas bra och bekvämt och fridfullt? Jag tror att när människor känner att de tillhör ett visst kollektiv, så är det mer sannolikt att det som kan kallas skuggsidor kommer upp till ytan. Anledningen till detta är att när en människa känner sig verkligt bekväm med att vara hela sitt jag, så kommer alla delar som ännu inte tagits i anspråk, att komma till ytan för att bli bemötta och läkas in i människans helhet. Som människor behöver vi ofta andra som speglar, så att vi kan göra den här undersökningen och läkningen. Jag stämmer överens med kollektiv som tillåter att hela människan är närvarande, vad som än kan hända på grund av det .... som tillåter att gruppen är ärlig tillsammans.

Under andra kurser har jag upplevt att människor uttrycker stort motstånd mot idén att tillåta hela människan att vara närvarande i kollektivet, särskilt om det är en arbetsplats. Jag har ofta hört klichén

"att lämna sitt privatliv utanför dörren". Jag har ofta undrat över om en person som lämnar sitt privatliv utanför dörren, samtidigt också lämnar sina bästa idéer utanför dörren ... de idéer som skulle ha tagit organisationen till en mycket högre prestationsnivå.

Organisering som stämmer överens med syfte och vision

Jag ser också efter ifall organiseringen verkar stämma med uppfyllandet av kollektivets syfte och uppnåendet av dess vision. Det kanske är för att jag blir äldre, men jag har helt enkelt inte lust att lägga tid på organisationsarbete för någon grupp, där detta är ett stressmoment som inte får den att komma närmare sin vision. Jag menar att detta är ännu ett krokben när det gäller att skapa genuin kontakt med kollektivet. Organisationsarbete som inte stämmer med hur man kan nå visionen, skulle kräva att jag ler vackert och rullar upp ärmarna för att delta i arbetsuppgifter jag inte är intresserad av och som inte är äkta.

Överenskomna regler för engagemang

Den sista aspekten av kollektivet som jag tar hänsyn till när jag bedömer om jag vill vara i genuin kontakt med det, är dess regler för engagemang. Alla organisationer har regler för detta, vare sig det är inom industrin, privat, offentlig eller religiös sektor eller familjen.

Medlemmar inom kollektivet vet ibland vilka reglerna för engagemang eller de psykologiska avtalen är. Medlemmarna fattar ibland, även om det inte är vanligt, medvetna beslut om ifall de kan vara sina genuina jag med de här engagemangsreglerna. Enligt mitt sätt att se så går jag igenom två bedömningsnivåer. Jag tycker inte om grupper som inte öppet uttalar sina regler för engagemang. Det är helt enkelt för jobbigt för mig att räkna ut alla underförstådda, tysta engagemangsregler. Innan jag vet, så har jag brutit mot en och annan och jag känner ingen glädje i sådana situationer. Den andra bedömningsnivån handlar om ifall reglerna är sådana att jag kan vara mitt genuina jag inom ramen för dem.

Påminnelse till mig själv: Under tiden jag lär mig nytt, så vill jag fortsätta definiera mina regler för engagemang så att jag inte blir stelbent.

Din tur.

1. Om det som presenteras här är sant, vad skulle jag då se?
2. Om det som presenteras här är sant, vad skulle jag då höra?
3. Om det som presenteras här är sant, vad skulle jag då känna?
4. Om det som presenteras här är sant, vad skulle jag då veta?
5. Om det som presenteras här är sant, hur skulle det då kunna påverka mitt ledarskap?

Genuin kontakt med skapelsen, med Skaparen, med källan

För att du ska få egna upplevelser när du läser det här kapitlet, inbjuder jag dig att reflektera över

1. Vilken färg kommer du att tänka på?
2. Vilken textur kommer du att tänka på?
3. Vilken metafor kommer du att tänka på?
4. Vilken dansrörelse kommer du att tänka på?
5. Vad lär du dig om genuin kontakt?

Att finna genuin kontakt med källan

Människor finner sin genuina kontakt med källan på olika sätt, på olika vägar, där varje individ hittar den väg som är exakt rätt för henne. Om någon försöker övertyga dig om att du ska ta en viss väg, spring då fort åt motsatt håll. Den personen reducerar, genom att insistera på att det bara finns en enda rätt väg, sannolikheten att du hittar den väg som är rätt för dig. Om du väljer en viss religion eller troslära för att skapa genuin kontakt med källan, så gör det för att det känns rätt för dig. Det hjälper inte ditt välbefinnande att följa en väg för att vara någon annan till lags eller på grund av att du får skuldkänslor om du väljer annorlunda. Skuld eller pliktkänslor är ett säkert sätt att inte kunna skapa genuin kontakt med källan. Den bästa måttstocken för att veta att det är rätt för dig, är din känsla av glädje av att vara på den specifika vägen, som känns som små knuffar som kommer inifrån och inte utifrån. Det är också svårt att vara i genuin kontakt med källan om man tror att man inte är tillräckligt god för att få ha en personlig, direkt kommunikation med den. Jag försäkrar att du är djupt älskad och inbjuden till genuin kontakt, till en känsla av hjärtan som smälter samman.

Man kan finna sin kontakt genom att springa, stå, gå, sitta eller ligga ner. Man kan finna den genom meditation, yoga, tai-chi, träning med Wii Fit, genom att sjunga, dansa, rita, uttrycka sig med hjälp av drejning eller målning, genom att lyssna till musik, lyssna till lövens prasslande eller när man är på ett fullsatt tåg med ljud från rusningstrafiken runtom överallt. Vi är alla olika. Man kan känna kontakten via sin mentala, emotionella, själsliga eller fysiska medvetenhet eller genom en kombination av flera av aspekterna av sin totala medvetenhet. Vad som än fungerar för dig är exakt rätt, så länge du upptäcker din genuina kontakt med källan. Hur kommer du att veta att du uppnått den? Upplevelsen är en känsla av ett heligt utrymme, av välsignelse, av glädje. Denna genuina kontakt upplevs som tyst, som något somliga benämner stillhet. Några upplever det samtidigt som högljutt, med en ström av kommunikation som kommer till en från källan, särskilt om man stärkt sina förmågor för klärsentiens, kläraudiens, klärkognisans och klärvoajans. Dessa är välutvecklade former av intuition, som man ibland refererar till som mediala förmågor och ibland som "magkänsla".

Jag minns inte mitt första ögonblick av genuin kontakt med källan i det här livet. Men jag minns när jag först medvetet lade märke till den här kontakten. Jag var nio år och låg i sängen och funderade på några problem som fanns i mitt liv. Mina föräldrar hade slutat prata med varandra och jag kunde inte förstå vad det var som hände. Jag visste bara att det var tumultartat. Jag bad en bön om hjälp. Plötsligt blev jag så varm att jag nästan inte stod ut. Jag drog bort håret ur pannan och tryckte den mot den kalla gipsväggen i mitt sovrum för att lugna ner mig. I det ögonblicket förändrades allt och jag visste att jag inte var ensam – visste det på ett djupt sätt som låg utanför min vanliga verklighet. Jag minns att jag inte blev rädd. Jag fick en förnimmelse av att jag kände till känslan och det var lycksaligt. Sedan dess har jag aldrig förlorat den genuina kontakten med källan. Ibland när livet verkar innehålla fler svårigheter än jag kan klara av, så tänker mitt intellekt att jag förlorat kontakten och jag går in i ett tillstånd där jag känner mig förkrossad. Det varar inte länge. Jag hittar ett sätt som fungerar för mig, så att jag kan återvinna min medvetna uppmärksamhet på genuin kontakt med källan. Oftast brukar jag gå ut och vandra i naturen, antingen bland hästarna eller på stranden med ljudet av vågorna och synen av tumlare eller så ser jag på foton av människor jag älskar. Om de finns i närheten, desto bättre ... jag kan ge och få kramar och ord av kärlek och den genuina kontakten med källan kommer tillbaka. Jag känner den här genuina kontakten fysiskt i området mellan halsen och hjärtat.

Jag har hört människor säga att genuin kontakt med källan är mystiskt, precis som om bara några få på den här planeten, mystiker, kan nå den. Jag tror att en person med den ståndpunkten argumenterar för sina egna begränsningar. Med ett något utvidgat perspektiv, ut från den vanliga verkligheten och in i den extraordinära verkligheten, så blir genuin kontakt med källan ganska vanlig och är sannerligen tillgänglig för oss allihop ... mycket enkelt. Upplevelsen är inte unik och det har skrivits om den i alla kulturer och traditioner. Källor av inspiration är bland annat Arjunas ord i Bhagavad Gita, keltiska andliga skrifter, shamanismens läror i från ursprungskulturer runtom i världen, Abraham, Mohammed, Buddha, Jesus och stora mystiker från den skapelsefokuserade andliga traditionen, som Hildegard av Bingen. De säger alla att man kan finna vägen till det som ibland kallas för upplysning.

Framför allt vill jag uppmuntra dig att följa ditt hjärta. Det finns inte bara en väg som är rätt. Men det finns skrifter av både tidigare och nutida stora lärare inom olika religioner, även inom ett större andligt trosområde som sträcker sig ovanför alla religioner.

Om studier är ditt sätt att nå medveten uppmärksamhet på din genuina kontakt med källan, så vill jag uppmuntra dig att studera forskning av Walter Russel och hans fru Lao, som grundade University of Science and Philosophy. Walter Russell förstod orsaken till saker. I den vetenskapliga världen ansågs han vara en kättare. Ändå sa Walter Cronkite 1963, när Walter Russel dog, att han var vår tids Leonardo da Vinci. Russell var skicklig på många områden, bland annat som forskare, filosof, skulptör och arkitekt och allt detta med bara grundskoleutbildning. Han var en mästare på att kalibrera sig med naturen och med den universella enheten, vilket var hans ord för Gud.

Påminnelse till mig själv: Återgå till att göra som jag säger genom att gå ut i naturen en timme varje dag för att VARA med skapelsen.

Du ÄR i genuin kontakt med källan

Du är i genuin kontakt med källan. Punkt. Du kan välja om du under den här livstiden eller någon annan gång, vill vara medveten om denna genuina kontakt, utforska den och i den processen utvidga din multidimensionella uppmärksamhet. Jag anser att medveten kännedom om vår genuina kontakt

med källan ändå sker under den här livstiden, även om detta ögonblick av medvetenhet, för många människor sker på deras dödsbädd. Du kan vänta tills dess eller få ett storslaget äventyr innan dess, under utforskandet och den utvidgade kännedom som följer med. Du kan till och med välja att börja nu och när du väljer, så börjar äventyret.

Det är inte svårt att utveckla en medveten kännedom om sin genuina kontakt med källan. En gång i tiden var du nyfödd och alla som såg in i dina ögon, fönstret till din själ, kunde se den oskuldsfulla skönheten i dig och i det ögonblicket se källan. Var det för att du nyss anlänt från en djupare kännedom om vem du var i relation till källan och hade med dig hälsningar från änglarna? Att skapa genuin kontakt med källan verkar handla om att utveckla sin medvetna kännedom om något man en gång visste, att minnas snarare än att utveckla.

Jag har haft den utomordentliga upplevelsen att få se in i de nyfödda ögonen på Rachel, Laura, David och Aaron, Jessica och Marleigh. Jag hade kunnat hålla kvar blicken med var och en av dem i en evighet, där fanns mera skönhet än som kan beskrivas. Blicken gick mellan våra ögon, våra hjärtan och våra själar med upplevelsen av full förståelse för källan, äkta kärlek. Jag kan fortfarande minnas det här ögonblicket med var och en av dem och uppleva den intensiva känslan.

När de växte, verkade den fulla förståelsen av genuin kontakt med källan att dra sig tillbaka och ändå är jag säker på att den inte blev utraderad. Det är inte svårt att uppnå den här genuina kontakten, för det verkar vara en resa för att medvetet minnas det vi hade när vi föddes. Jag är inte säker på om det som nyfödda har i sin genuina kontakt med källan kan kallas medveten kännedom och ändå menar jag att det är medveten kännedom, som bara inte är verbal. Innan jag födde Rachel, läste jag många böcker om nyfödda. Vid den tiden hade jag inte ens hållit i en baby och jag sökte förtvivlat efter information om vad jag skulle göra som mor. Ingen av böckerna förberedde mig tillräckligt för den upplevelsen.

Vad som stod i böckerna jämfört med upplevelsen av hennes medvetna uppmärksamhet, är ett exempel på otillräckligheten i informationen. Enligt instruktionen i böckerna, så lade jag henne i barnvagnen och gick på promenad. Syftet var att jag skulle få motion, min kropp skulle få hjälp att återhämta sig efter förlossningen och hon skulle få frisk luft och rörelse som skulle vagga henne till sömns. Hon sov väldigt lite, åter i motsats till vad som stod i böckerna. Jag körde barnvagnen och ganska snart började hon gråta högre och högre. Det var tydligt att hon inte tänkte sova och jag gick tillbaka in med en mycket ledsen baby. Jag gjorde några försök till och sedan insåg jag, att hon var så medveten om livet att hon inte vill missa något. Jag satte en liten babysits i den stora barnvagnen så att hon kunde se allt som fanns runtomkring och hon lugnade genast ner sig.

Informationen om hur barn i den åldern såg, beskrev att de inte kunde se så mycket med sina fysiska ögon. Böckerna tog inte upp seende med alla de andra sinnena eller kanske med andra medel. Genom den här anpassningen med babysitsen så att hon kunde sitta upp för att "se", blev upplevelsen glädjefylld. Jag anser att hon var icke-verbal och ändå medvetet uppmärksam på skapelsen runt henne och på sin kontakt med denna skapelse som en del av källan. Senare när hon började tala, kunde hon berätta vad hon såg tvärs över dimensioner. Vid ungefär fem års ålder verkade det som om hon slutade se på det här sättet. Nu vid trettioett, har hon börjat minnas och tar sig tillbaka till denna medvetna kännedom om källan och får tillgång till sin multidimensionella medvetenhet igen.

När Laura kom, försökte jag inte ens lägga ner henne i barnvagnen, utan satte direkt dit en babysits så att hon kunde luta sig tillbaka och fortfarande se. Det fungerade bra och jag var nöjd med mig själv för min visdom. Efter två månader, när hennes nacke blivit så stark att hon kunde röra huvudet för att se sig omkring mera, så fungerade detta inte längre och jag hade åter en baby som grät och grät, innan vi hunnit mer än trettio meter på vår promenad. Jag valde att vara uppmärksam på vad som hände i det ögonblick gråtandet började Vad jag upptäckte var att precis innan gråtattacken, så rörde sig hennes huvud från sida till sida med vidöppna ögon.

Andra mödrar kanske dragit slutsatsen att hon grät för att hon såg främmande saker. Min insikt var att hon grät för att hon hade så mycket medveten kännedom, att hennes förmåga att lägga märke till allt hon såg överväldigade henne, eftersom filtren för att stoppa så många iakttagelser ännu inte utvecklats. Hennes multisensoriska multidimensionella uppmärksamhet var i full fart och det blev bara alldeles för stor stimulans för henne. Jag slutade gå promenader med henne och tog istället bilen till en park eller affär för att minska sinnesupplevelsen till enbart en fysisk plats. Hon var nöjd och utforskade det hon såg med full entusiasm. När hennes kropp blev rörligare, behövde hon röra vid allt, för att inte bara utforska de synliga aspekterna utan även texturen.

För Laura avtog, vad jag vet, aldrig det här sättet att se källan. Det hon gjorde under sin resa, var att försöka sätta det i bakgrunden av sin medvetna uppmärksamhet, så att hon kunde fortsätta med sin utveckling. Vid tjugonio startade hon sin egen verksamhet som konstnär och tillät sig att använda sin multidimensionella medvetenhet igen.

Davids version av medveten kännedom om källan visade sig på två sätt när han var barn. Han var mycket sen att prata, så sen att hans far och jag blev bekymrade. Vi skämtade om det, när vi såg hur han gjorde rörelser med händerna, som omedelbart tolkades av hans två systrar som tillgodosåg hans icke-verbala önskningar och befallningar. Vi skrattade åt det och insåg att flickorna hellre gjorde det han bad om, än att vänta på att han skulle börja gråta, vilket skulle avbryta deras lekstund. Min tolkning idag är att David använde sin fulla förståelse av att alla är sammanlänkade, även multidimensionellt inom källan, för att kommunicera med sina systrar på ett annorlunda sätt. Han trodde helt enkelt att han skulle bli fullt förstådd och att alla hans behov skulle bli tillgodosedda. Denna del av hans förståelse av källan är något som de flesta vuxna jag känner, strävar efter ... den fulla och djupa förståelsen av att de ska bli fullständigt förstådda och att alla deras behov ska bli tillgodosedda av källan.

Det andra sättet som hans medvetna kännedom om multipla dimensioner visade sig på, var att han uppvisade ovanliga spatiala förmågor mycket tidigt. På något sätt såg han lätt rumsliga aspekter och tog hela tiden in och använde spatiala dimensioner av existensen. Att leka med en formsorterare var för enkelt för honom redan vid nio månaders ålder. Som tonåring bemästrade han oräkneliga fantasyspel på rekordtid genom att använda de här gåvorna av multidimensionellt seende. Han tar den här gåvan för given och sedan han testats och visat sig ha en spatial förmåga som ligger 98 % över genomsnittet, så förstår han nu att andra inte har samma medvetna förmåga att uppfatta det som finns runt dem på samma sätt som han. Vid tjugofem års ålder, använder han sina multidimensionella förmågor som dataprogrammerare och har förmågan att länka samman människors behov med en mjukvara.

Vare sig det var en sammankomst på vår gård eller på en campingplats där vi tältade, så gick Aaron, när han var liten, runt bland människor som satt och åt och såg helt enkelt upp på dem med munnen öppen, för han antog att hans behov av en god smakbit skulle resultera i att den på ett mirakulöst sätt ramlade ner i hans mun. Han hade kontakt med energin som handlar om att "göra" och litade på att hans behov skulle bli tillgodosedda. Hans kontakt bortom den vanliga verkligheten var påtaglig i hans kommunikation med människor och djur. Vad är ovanligt med denna sorts kommunikation, tänker du kanske? Det är absolut likadant som för andra barn. Ändå är det inte så vanligt att uppleva vuxna med den här nivån av öppen kommunikation och tillit. När Aaron var barn hade han fortfarande en medveten kännedom om källan. Precis som Rachel, så verkade hans medvetna kännedom om sina multidimensionella förmågor, för en tid vara dold för de som fanns runt honom. Vid tjugofyra kom han ihåg de här förmågorna och han har försäkrat mig att även om han inte talade om dem, så förlorade han dem aldrig. Han använder de här förmågorna i sitt arbete som smed och genomsyrar sina konstnärliga verk med speciella energier utifrån kundernas önskemål. Han kan också kommunicera med djur, särskilt med reptiler. Detta är en speciell tvärdimensionell förmåga, som jag som mor brukade blockera för honom genom att inte tillåta ormar i huset, fast han älskade dem!

Mina unga barnbarn är fortfarande vidöppna i sin genuina kontakt med källan och i sin utforskning av världen. Det är tydligt att de kommunicerar på många andra sätt än bara verbalt och att de har mycket de vill kommunicera om. De vuxna i deras värld gör sitt bästa för att de ska behålla sin medvetna kännedom om genuin kontakt med källan, så att de inte går igenom en fas där de glömmer och måste göra en lång resa tillbaka för att minnas denna genuina kontakt. Jag iakttar deras genuina kontakt med källan som mormor/farmor och den är härlig.

När jag läste på universitetet så handlade min kandidatuppsats om intelligensen hos icke-verbala barn i förskoleåldern. Forskningen genomfördes på förskolan vid the Chedoke-McMaster Hospital campus vid McMaster University. Min handledare dr Linda Segal hade utvecklat en maskin för att intelligenstesta barn som var icke-verbala och det var mitt uppdrag att bestämma om intelligensen hos ett urval av icke-verbala förskolebarn statistiskt sett var annorlunda än intelligensen hos en grupp verbala förskolebarn. Bland de icke-verbala barnen i den här specifika förskolan, fanns några som hade diagnosen autism. Intelligenstesten gjordes med en maskin med bildskärmar som barnen såg på och där de kunde trycka på en knapp om de höll med om olika jämförelser av bilderna. En serie bilder kunde till exempel handla om motsatser eller likheter. När ett barn svarade rätt, lämnade maskinen ut en liten karamell och barnet, som inte fick några verbala instruktioner, listade ut hur de skulle göra med hjälp av ett belöningssystem. Efter månader av tester och tillämpning av statiska formler, så förelåg det ingen skillnad i uppmätt intelligens hos verbala och icke-verbala barn. Jag har alltid tyckt att det här resultatet är fascinerande och funderat en hel del över all icke-verbal medvetenhet och intelligens. Jag tänkte på de här icke-verbala barnen som att de verkligen hade stor genuin kontakt med källan och helt enkelt bearbetade allt på ovanliga sätt.

Om du vill genomföra den här resan med att minnas din genuina kontakt med källan, så är en enkel och bra startpunkt att tillbringa en timme varje dag ute i naturen, iaktta vad du upplever och låta det kommunicera med dig. Ja, jag föreslår något så enkelt som att ställa ut en stol och sitta i solen eller skuggan, utan musik eller något artificiellt. Tänk på det som ett dagligt möte med naturen. Du föredrar kanske att ligga ner, att stå eller att gå. Nyckeln är att bara göra det och uppleva din växande kännedom om din genuina kontakt. Konsten erbjuder dig andra sätt att komma i kontakt med källan. Läsa eller skriva poesi, måla eller se på målningar, se teater eller film eller skapa en mandala. Närma dig alla former av konst du deltar i, med perspektivet att du kommer att utvidga din medvetna kännedom (minnas) om din genuina kontakt med källan.

En nyckel är att göra det enkelt och bara VARA. För några kan det innehålla att utöva den religion de valt och om så är fallet, så är det också ett bra sätt. Återigen är nyckeln att VARA och att under varandet minnas och inte låta någon bestämma att de är där för att medla för din räkning. Du har varit i ett tillstånd av genuin kontakt med källan från det ögonblick du blev till.

Ett av mina favorittempel i världen, som det skrivits många dikter om, är Natural Bridge i Virginia, USA. Nyligen tog jag med en kär vän, Rajiv från Indien, till Natural Bridge. Han är en stark anhängare av Ghandi. När vi gick längs stigen, kändes det som en vanlig promenad, tills vi befann oss under Natural Bridge. Då stannade Rajiv och fick en extraordinär upplevelse av det sakrala i platsen och ögonblicket och sin genuina kontakt med källan. Det han sa när stunden var förbi, var att detta till och med var lika kraftfullt som de mest magnifika templen i Indien. Jag höll med.

Jag tycker mycket om och lär mig mycket av de kristna budskapen från Joel och Victoria Osteen, för att de är upplyftande och uppmuntrar människor att studera gamla och nya testamentet på ett annorlunda sätt för att förstå att Gud vill det bästa för alla och har gjort det möjligt, om vi bara tror att det är möjligt. Jag vill hitta ett sätt att stödja dem. De får mycket kritik för sin fasta föresats att sprida ett upplyftande budskap.

Jag tycker mycket om och lär mig av det jag studerat om Gautama Buddha. Ward och jag åkte till Sarnath i Indien, där Buddha gav sin första predikan om de lidanden han bevittnade i området kring det närbelägna Varanasi. Varanasi, som ligger vid Ganges, är en helig plats för hinduerna, där kremationseldarna brunnit i över 5000 år. Människor samlas här för att dö, så att de ska kunna bli kremerade i de här eldarna, som sägs rena själen så den kan bli löst från karmacykeln. När vi åkte till platsen för denna första predikan, fick vi ett särskilt perspektiv på budskapet om lidande.

Jag tycker mycket om och lär mig av det jag studerat om hinduismen, med så många aspekter av gud och gudinna, att allt redan verkar finnas beskrivet någonstans. Vår vän Ashok berättade att trots att det verkar som om olika gudar och gudinnor tillbeds, så är de alla egentligen aspekter av den enda guden. Vi tyckte mycket om att gå in i de olika templen och uppleva känslan av denna tro.

Jag tycker mycket om och lär mig av det jag studerat om andlig tro hos ursprungsbefolkningarna på planeten, särskilt min fördjupning i den tro som finns hos Amerikas ursprungsbefolkning. Under en stor del av mitt vuxna liv, bodde jag nära Six Nations indianreservat i Ontario, Kanada och hade möjlighet att under åtskilliga år arbeta med dem, för att bygga upp organisationen för deras egen barnavård på reservatet. Under de här åren fick jag underbara upplevelser och insikter från långhustraditionen och genom mentorskap av några av de äldre.

Jag tycker mycket om och lär mig av vad jag studerat om andlig tro inom metafysisk litteratur om visdom hos varelser från andra dimensioner och från att studera forntida verktyg som går in i det metafysiska, som Kabbalahn. Jag noterar att det finns mängder av metafysiska lärdomar i både äldre religioner och från några av de mest ansedda forskarna. En av mina favoritlärare inom det metafysiska är dr Toni Petrinovich, Washington, USA. Den första kurs jag tog hos henne handlade om kvantfysik. Hon har skrivit och gjort filmer med föreläsningar om metafysik, kvantfysik, andlighet och ganska nyligen om insikter om "sanning". Hon är en bro mellan förståelsen av vetenskap och av andlighet.

Jag har också lärt mig mycket om att skapa genuin kontakt med källan från filmer som *Star Wars* och böcker inom science fiction och fantasy, som den märkliga serien *Dune* av bortgångne Frank Herbert och serien *Wheel of Time* av bortgångne Robert Jordan, som färdigställdes av Brian Sanderson.

Påminnelse till mig själv: Jag ser fram emot att uppleva andra religioner och övertygelser som jag ännu inte haft privilegiet att fördjupa mig i. Jag ser fram emot att expandera ytterligare och att sedan, från denna utvidgade nivå av min varelse, öka upplevelsen av genuin kontakt med källan. Allt har något att lära mig och jag har förbundit mig att utvecklas.

Din tur.

1. Om det som presenteras här är sant, vad skulle jag då se?
2. Om det som presenteras här är sant, vad skulle jag då höra?
3. Om det som presenteras här är sant, vad skulle jag då känna?
4. Om det som presenteras här är sant, vad skulle jag då veta?
5. Om det som presenteras här är sant, hur skulle det då kunna påverka mitt ledarskap?

Anteckningar

KAPITEL TRE

Anden har betydelse

Ande eller medveten energi är allt-som-finns

För att du ska få egna upplevelser när du läser det här kapitlet, inbjuder jag dig att reflektera över

1. Vilken färg kommer du att tänka på?
2. Vilken textur kommer du att tänka på?
3. Vilken metafor kommer du att tänka på?
4. Vilken dansrörelse kommer du att tänka på?
5. Vad lär du dig om genuin kontakt?

Människor som utgår från en tro kan uppleva Anden som ett enhetligt fält som känns som en medvetenhet av kärlek. Människor som utgår från vetenskap kan uppleva Anden på andra sätt, möjligen som ett livgivande energifält som visar sig som en ek ur ett ekollon, från början fyllt med livskraft (Ande) från eken. Andra kan uppleva Anden som "kraften", som i *Star Wars* version av "må kraften vara med dig". Affärs- eller idrottsengagerade människor kan uppleva Anden som lagande. Vad jag förstår så relaterar en del vinnande idrottslag sina framgångar till meditation och till att vara i "zonen" inför en tävling. Med våra avgränsade intellekt som begränsar vår förmåga att förstå det gränslösa, så kan Anden upplevas som närvaron av de morfiska fält (termen skapad av en biolog, dr Rupert Sheldrake) vi väljer att ansluta oss till. Ett morfiskt fält kan förstås som en vibrationsfrekvens eller som energi i form av ett informationsmönster. Jag menar att alla de här rönen handlar om att få en förståelse av Anden.

Ett sätt som vi som människor upplever Anden på, är genom något vi kallar medvetenhet. Expansionen av vår medvetenhet eller medvetna energi kan upplevas som en utvidgning av vår medvetna kännedom om vår enhet med Anden. Att förändra vår medvetenhet som individer handlar om att gå ur vägen för oss själva, så att vi kan få allt mer av den här upplevelsen av Anden för allt längre perioder, tills vi lever med ett fullt och genuint erkännande av att Anden eller den medvetna energin eller "kraften" är allt som finns.

Jag arbetar för Anden, vilket betyder att jag alltid är i arbete, att jag alltid är med dem som jag är ämnad att vara med, gör exakt det jag är ämnad att göra vid exakt rätt tidpunkt och med en kärleksfull objektivitet gentemot resultatet. Jag finns på Andens lönelista med ett anställningskontrakt som jag skrivit på, vilket innebär att jag aldrig är arbetslös. Jag har alltid på något sätt haft tillräckligt att äta, tak över huvudet och det mest nödvändiga i livet, även då jag oroat mig mycket för min ekonomiska situation. Vid sådana tillfällen brukade jag ta fram mitt avtal med Anden, skjuta oron åt sidan och med förväntan se fram emot sådant jag behövde få på plats.

Jag menar att när vi lär oss lyssna på Anden, lär oss att fokusera vår uppmärksamhet på sådant som vi vägleds att fokusera vår uppmärksamhet på och agera utifrån den vägledning vi känner (kalla det magkänsla om det hjälper), så åstadkommer vi positiva resultat för hela mänskligheten. Anden omvandlas till materia (förkroppsligas) genom det var och en av oss väljer att fokusera på när vi skapar våra enskilda verkligheter och kollektivt när vi skapar vår kollektiva verklighet i våra familjer, arbetsgrupper, organisationer, städer och som planetens kollektiv av mänskliga varelser.

Jag är mycket klarare över hur jag arbetar med Anden när jag skapar min personliga verklighet, än jag är över hur vi kan skapa tillsammans utan att bli helt intrasslade med varandra. Det bästa jag kan göra just nu för att förstå hur vi skapar den kollektiva verkligheten tillsammans med Anden, är att förklara det som vetenskapen kallar synkronisering, morfisk resonans eller resonanta energifält. Även om inte vetenskapen kan förklara det stora mysteriet som är Anden, så är det användbart att utgå från de rön man gjort, för att förklara aspekter av Anden och hur Anden fungerar i våra liv. Mänskligheten försöker förstå det stora mysteriet genom religionerna. På ett parallellt spår försöker även vetenskapen att förstå det stora mysteriet, förstå livet och vad det handlar om.

Jag hade en mycket gripande upplevelse i Moskva för några år sedan. Vår vän Elena hade ordnat så att hennes svåger Nicoli skulle möta mig på flygplatsen och tillbringa dagen med mig, för att sedan lämna av mig på inrikesflygplatsen på kvällen, då jag skulle flyga till Novosibirsk. Det var min första resa till Ryssland. Jag vet inte vad Nicoli hört om mig men han verkade orolig att jag på något sätt skulle vara religiös. Det hade troligen att göra med att jag lärde ut Open Space Technology, en mötesmetod som bland annat har den värdefulla fördelen, att den öppnar utrymme där Anden eller andan kan visa sig. Nicoli tog mig till olika platser, bland annat Röda torget och Kreml. Jag ställde många frågor och han svarade ofta "jag vet inte, jag är vetenskapsman". Han var verkligen en mycket hängiven vetenskapsman, som utforskade livet och dess mysterium med hjälp av matematiska formler.

Vi stannade vid en ombyggd och magnifik kyrka. Den var fullsatt. Det fanns inga sittplatser och Nicoli lämnade mig stående mitt i folksamlingen, bad mig vänta och sa att han strax skulle komma tillbaka. Inom ett par minuter återkom han med två smala, spetsiga ljus att tända. Återigen sa han "jag är en vetenskapsman" och fortsatte sedan med "men eftersom vi är i en kyrka, så gör vi detta. Följ med mig så tänder vi ljusen". Vi gick över till ett stort ljus som tänts för jungfru Maria och vi tände våra smala ljus och placerade dem på altaret. Jag vet inte vad Nicoli tänkte eller om han bad en tyst bön. Jag bad en bön och accepterade med stor tacksamhet att livet givit mig det här dyrbara ögonblicket med en rysk vetenskapsman i en kyrka. Jag förstod att vi båda försökte förstå samma stora livsmysterium, var och en genom sin perceptionslins.

Jag tror inte att vetenskapen kan förklara religion mer än jag tror att religion kan förklara vetenskap. Jag tror att båda är ett sätt att utforska vilka vi är, varför vi är här och hur vi är sammanbundna med vårt större universum, med andra ord, båda är ett sätt att försöka förstå vad det begränsade intellektet inte kan begripa ... ett mysterium som är större än vår förståelse.

Jag har mina övertygelser, precis som du har dina. Jag har min egen ständigt pågående relation med den underbara källan, som vi alla kommer ifrån och tror på vikten av bön (att tala med källan) och meditation (att lyssna till källan). Jag vill inte stöta bort dig genom att välja ord som står i motsats till dina övertygelser. Jag menar inte att förolämpa och jag tror i slutändan att alla som ber, ber till samma skapare. Vi utvecklar alla olika förståelse och jag hoppas att du kan läsa vad jag säger i det här ämnet, genom linsen av dina övertygelser om Anden. Idrottsanhängare och många i affärsvärlden använder ande som i laganda. De vet att när laget fungerar från höjden av sin potential, så kan det direkt relateras till andan. Affärs-, idrotts-, vetenskaps- och trosbaserade linser är vägar att förstå att vi alla på något sätt är sammanlänkade i livets väv, att det finns en kraft, en makt, en medveten energi som vi kan känna men inte mäta. Vi kan mäta några av de påtagliga resultat som kommer av att arbeta med den här kraften, men kraften själv ligger bortom mätbarhet.

Min upplevelse är att Anden flödar genom oss, till oss, runtom oss och är allt som finns. När jag upplever att Anden arbetar med mig, så upplever jag tillgång till kunskap, kreativitet, medkänsla och till ett område med oändliga möjligheter. Jag upplever att en energi som tränger igenom allt, arbetar genom mig och i mig. Jag är övertygad om att den finns där hela tiden. Jag är emellertid mera medveten om den när jag är villig och öppen för att använda den makt jag har inom mig och när jag tar aktiva steg, om så bara små, små steg, för att gå framåt i livet. Jag upptäcker mycket synkronicitet, vilket jag naturligtvis tycker är intressant och ibland händer så mycket på kort tid, att jag känner att jag svämmar över av glädje. I min uppmärksamhet på att Anden är allt som finns, så upplever jag många mirakel.

Mina vänner som talar tyska och franska, har berättat att det inte finns något enkelt sätt att översätta begreppet Ande till deras språk. Om du inte är bekväm med ordet Ande eller ens med ordet anda eller om ordet inte kan översättas på ett bra sätt till ditt förstaspråk, så kanske medveten energi är ett sätt som kan fungera för dig, för att beskriva det jag kallar Ande. Hur Anden, källan, den medvetna energin blev till, är en del av det stora mysteriet. Jag upplever denna energi som medvetenhet, som kärlek, som glädje, som medkänsla, som kreativitet och den in-spirerar mig (från eng. spirit). In-spirera är anda/spirit eller Ande/Spirit inombords. Jag menar att glädjen är min födslorätt och när jag är full av glädje, så är jag i min sannaste, renaste överensstämmelse med den här medvetna energins vibrationsfrekvens. Jag valde på grund av syftet med boken, att referera till både Anden och Skaparen med ordet källan och jag hoppas att du hittar ett eget sätt att ersätta med de ord du föredrar och deras åtföljande övertygelser. Det finns inte ett sätt som är det enda rätta.

Påminnelse till mig själv: Somliga är fascinerade av andan i företagsvärlden och begreppet själslig intelligens som en tillgång. Andra har varnat mig för att skriva om Anden, eftersom det kan få många människor att ta avstånd från boken. Jag anser att det är viktigt att jag står fast vid mina erfarenheter och uppfattningar, så att de som följer det här arbetet, själva kan bestämma sig för vad de vill tro. Jag kan höra vänner säga "Birgitt, när du talar om Anden, så slutar ditt viktiga och användbara arbete att vara tillgängligt för människor." Jag svarar "När jag talar om Anden och uppmuntrar människor att välja själva, så gör jag mitt arbete tillgängligt för människor som antingen vill acceptera eller avvisa vad jag säger, därför att jag skapar möjligheter för den personliga visdomen att komma fram."

Frågan om Ande och vetenskap

Under mina studier har jag blivit övertygad om att både vetenskap och religion har som mål att förklara det stora mysteriet med universum, skapelsen och vår källa, oavsett om de undersöker något mikroskopiskt eller makroskopiskt. Jag är fascinerad av de överlappningar jag läser om från de här två olika forsknings-perspektiven, som handlar om det jag tänker på som vårt omniversum. Båda försöker förstå det jag väljer att kalla Anden. Jag menar att andliga principer står över alla religioner och all vetenskap, så som vi känner dem idag. Intellektet är immateriellt och omfattas inte av de universella lagar om materia som vetenskapsmän studerat. Intellektet, som inte anses ha en början eller ett slut, lyder inte under vetenskapliga eller religiösa lagar, utan under andliga lagar. Om intellektet är en dimension av medveten-het eller medveten energi, så lyder även medvetenhet under andliga lagar.

Jesus var den mest vetenskapliga man som någonsin vandrat på jorden, enligt vad Mary Baker Eddy skrev 1875. Han lärde oss om det vi nu kallar kvantfysik, om partiklar, vågor och hur man kan uppnå mirakel. Han lärde oss också att det han gjorde, det kan vi alla göra. I vår tid finns en person, dr Richard Bartlett, som genomfört omfattande forskning på fysiken hos mirakler och erbjuder mänskligheten något

mycket användbart. Han undervisar sina åhörare i hur man kan använda det som i kvantfysiken är känt som att "kollapsa en våg" för att uppnå mirakulösa resultat. När jag deltog på en föreläsning och lärde av honom, så verkade det som gjordes ha stora likheter med det som Jesus gjorde. När dr Bartlett kollapsar vågen, får han tillgång till det som vetenskapsmän kallar nollpunktsenergifältet. Jag tänker på det här fältet som ett tillstånd av gudomlig nåd och på det ögonblick då man når denna fenomenala energi som ett heligt ögonblick. (Kom ihåg att detta är jag som delar med mig av mitt perspektiv utifrån mina övertygelser.)

Det krävs mer än kunskap om kvantfysik för att åstadkomma det dr Bartlett gör och som hans åhörare upptäcker att de också kan göra. Det krävs en förståelse av skillnaden mellan känslor och känslotillstånd, hur man förflyttar sig bortom känslorna in i ett känslotillstånd av kärlek eller helighet och från det känslotillståndet uppnår en extraordinär verklighet, som är verkligheten för vad somliga skulle kalla mirakler. Dr Bartlett och även andra håller nu på att utforska extraordinär verklighet genom en kombination av vetenskap och andlighet eller mysticism. Återigen visar sig temat att stora teoretiska fysiker blir mystiker.

Vetenskap

Jag läser Ken Wilbers *Quantum Questions*, för jag letar efter parallella vägar av teoretisk fysik och mysticism.[10] Om jag förstår Ken Wilber rätt, så varnar han sin publik för att försöka använda vetenskap för att förklara det mystiska och att de helt enkelt är två olika kunskapsflöden som ser på samma sak från olika perspektiv. Jag studerar vetenskap och jag studerar andlighet.

Som professionell organisationskonsult så får jag glädje av att utforska min värld, sett ur perspektivet av hur mitt lärande kan appliceras på organisationer. Många organisationsutvecklingsteoretiker använder kvantfysik- och kaosteorier för att förklara hur organisationsutveckling bör genomföras. Jag är inte säker på att det är användbart att applicera de här teorierna på organisationsutveckling, om det stämmer att Anden är allt det som finns. Jag antar att det beror på hur man tolkar vad Anden är och om Anden helt enkelt är en neutral nollpunktsenergi, en kreativ livskraft eller en energi som enklast kan kännas som ett energifält av gudomlig nåd eller kärlek.

Jag har även respekt för att teorier helt enkelt är övertygelser som blir verifierade och sedan ofta blir borträknade vid en senare tidpunkt i vår utveckling, när andra teorier visat sig vara mer korrekta. Historien visar oss att stora vetenskapliga avslöjanden till slut överträffas av något annat. Inom organisationsutveckling och även andra områden som gillar att låna vetenskapliga teorier, så menar jag att det är bra om vi inte tar dessa för allvarligt utan lär oss att leka, istället för att tro att teorierna är sanningen, hela sanningen och inget annat än sanningen. Att leka tillåter oss att förbli öppna för havet av möjligheter.

Jag anser att man gjorde en stor otjänst mot mänskligheten när vetenskap och religion skildes åt och jag undrar vilka teorier som hade skapats om de fortsatt arbeta tillsammans. Idag upplever vi att många människor som är ganska negativa till astrologi, säger att det är för mycket av mjuk vetenskap och för esoteriskt. Samma människor kan beundra astronomi eftersom de enbart ser upp till sådant de kan referera till som naturvetenskap. Ändå har astronomi och astrologi en gång varit förenade i ett forskningsområde. Hade vi varit klokare om delningar som den här aldrig hänt?

Påminnelse till mig själv: Jag älskar mjuk vetenskap. I min nuvarande förståelse av hur min hjärna fungerar, så älskar den vänstra hemisfären, den linjära processorn, hård vetenskap som är enkelt mätbar och den högra hemisfären, parallellprocessorn, älskar att leka med möjlighetstankar. Jag undrar om jag kan göra det dr Bartlett föreslår och ge min vänstra hemisfär något att mäta så att min högra hemisfär kan bli mera kreativ. Jag ämnar experimentera med detta.

Din tur.

1. Om det som presenteras här är sant, vad skulle jag då se?
2. Om det som presenteras här är sant, vad skulle jag då höra?
3. Om det som presenteras här är sant, vad skulle jag då känna?
4. Om det som presenteras här är sant, vad skulle jag då veta?
5. Om det som presenteras här är sant, hur skulle det då kunna påverka mitt ledarskap?

Anteckningar

Teorier inom fysiken

För att du ska få egna upplevelser när du läser det här kapitlet, inbjuder jag dig att reflektera över

1. Vilken färg kommer du att tänka på?
2. Vilken textur kommer du att tänka på?
3. Vilken metafor kommer du att tänka på?
4. Vilken dansrörelse kommer du att tänka på?
5. Vad lär du dig om genuin kontakt?

Min långa resa med fysiska teorier började med en minnesvärd gymnasielärare, Archibald Haslett, som nästan underkände mig, inte för att jag inte fick A utan för att jag inte använde min potential. Jag var rasande över det låga och som jag tyckte oförtjänta betyget, men han var en katalysator till vad som blev en mer seriös forskning. Nej, jag valde inte fysik som huvudämne på universitetet, för jag tyckte att psykologi var ännu mer fascinerande, men jag valde en skola som kombinerade psykologi med naturvetenskap.

Under mitt andra år satt jag, tillsammans med hela klassen, trollbunden klockan åtta varje måndag, onsdag och fredag morgon. Det är svårt att föreställa sig universitetsstudenter som är trollbundna vid den tiden på morgonen och ändå, där var vi, i god tid till lektionen, med pennorna redo och väntade på att professor Brown skulle göra punktlig entré. Lektionen hette Tid och Rum och i den blev vi introducerade till idéer som att det förgångna, nutid och framtid existerar samtidigt. Vi blev bekanta med stora fysikteoretiker och deras arbete. Vi blev bekanta med strängteori, Schrödingers experiment, kvantfysik och kaosteori. Om du inte har sådana kurser där du bor och är intresserad av de här ämnena, så tar grupper som Scientific American de här komplexa teorierna som att förklara universum och hur skapelsen fungerar och förenklar de förbryllande idéerna för att underlätta förståelsen för allmänheten. Grupper som the Institute of Noetic Science gör samma sak för att förklara medvetenhet och erbjuder teorier och information som verkligen är enastående.

Jag har blivit mest fascinerad av Einstein, vetenskapsmannen och mystikern, som länge forskade efter en enhetlig teori. Han letade efter en enda uppsättning ekvationer som skulle inlemma både relativitet och kvantmekanik, kombinera fysik på en makronivå av stjärnor och galaxer med lagarna för mikronivåns sfär av atomer. Han kämpade med den här frågan från 1920-talet till sin död 1955 och graden av framgång ifrågasattes. Einstein var helt enkelt före sin tid. Mer än ett halvt sekel senare, har hans dröm om en enhetsteori blivit den Heliga graalen i modern fysik. Sett ur mitt perspektiv, så erbjuder all denna forskning ett fönster för att iaktta Anden, där vi kan finna enheten av förening även bortom en enhetsteori.

Vi har kvantmekanik, som är den gren av fysiken som hanterar studier av partiklar ner till atom- och subatomnivåer. Energi uppfattas i form av kvanta (eller små buntar). När vi kommer ner till en nivå där vi iakttar energi, så menar jag att vi kommer närmare en iakttagelse av Anden, eftersom Anden kan upplevas som medveten energi. Jag är emellertid inte säker på detta med buntarna. Kvantmekaniken tillåter forskarna att undersöka interaktioner mellan korrelerade objekt som rör sig snabbare än ljusets hastighet, vilket blev ett stort genombrott. En idé som först lyftes fram av Einstein och hans kollegor är, att alla kvantmekaniska system har ett grundtillstånd, som de beskrev som nollpunktsenergi, den lägsta möjliga energi som ett kvantmekaniskt system kan ha. Från nollpunktsenergin kom nollpunktsenergifältet, det kvantmekaniska system som kapslar in denna nollpunktsenergi. Nollpunktsenergi beskrivs ibland som ett vakuum.

Det finns strängteori och forskning som undersöker om strängteori kan vara den eleganta förklaringen på allt. Jag tror att professor Brown uppmanade sina studenter att leta på http://www.pbs.org/wgbh/nova/elegant bara för att utvidga sina perspektiv. Hemsidan har några diagram som är enkla att förstå och innehåller information om elva dimensioner, parallella universum och en värld som är skapad av strängar. Detta är inte science fiction. Det kan vara en del av att förstå omniversum.

Kaosteorin beskriver verkligheten som till synes oordnad, men att det ändå faktiskt finns en ordning under den yttre anblicken. Jag har lärt mig förstå mer genom James Gleicks bok *Chaos: Making a New Science,* som tack och lov skrivits på ett sätt som är intressant för nybörjare.[11] Det exempel man vanligen ger från kaosteorin, är hur fladdrandet av en enda fjärils vingar, åstadkommer en pytteliten förändring av tillståndet i atmosfären. Denna pyttelilla handling med minimal synlig effekt på atmosfären, kan bära ansvaret för en tromb en månad senare eller vara orsak till att en sådan stoppas. Vad vingfladdret resulterar i, beror på de förutsättningar som fanns där fjärilen fladdrade med vingarna. Kaosteorin kan vara en annan del av att förstå omniversum.

Jag anser att alla de här teorierna tar oss närmare och närmare en förståelse av att Ande eller medveten energi är allt som finns. Jag inser att jag kanske inte förstår nollpunktsfältet tillräckligt, för någonstans har jag läst att nollpunktsfältet består av den lägsta energin och att dess grundtillstånd är skilt från noll, vilket för mig innebär att det finns energi där. Det kan vara så. Om det finns energi där och om vetenskapen inte mäter det som verkligen finns där, så kanske forskarna helt enkelt ännu inte förstår, att de behöver leta efter kärlek och helighet och att Ande är allt som finns. Om medveten energi är allt som finns, så är den medveten och därför mer som ett fält av kärlek eller helighet än en nollpunktsenergi. Är det möjligt, utan att hamna i religiösa tolkningar av Anden, att Anden är ett fundamentalt byggblock av allt?

I både fysik och kemi är vågpartiklar ett begrepp inom kvantmekanik som anger, att all energi uppvisar både partikelliknande och vågliknande egenskaper. Uppenbarligen är det så att om partiklarna är så små att forskarna inte kan se vågen, så säger teorin att vågen ändå existerar. Åtminstone är detta vad ledande forskare menar som svar på en urgammal diskussion om ljus och materia, där ena sidan ansåg att ljus bestod av vågor, medan andra sidan ansåg att ljus bestod av partiklar. För de flesta av oss har det ingen betydelse om ljus består av vågor eller partiklar. Det som har betydelse är att vi kan använda det för att hitta vägen i mörkret. På samma sätt anser jag att Anden är allt som finns och funderar inte så mycket på *vad* Anden är utan på *hur* man kan arbeta med Anden, för att livet på planeten ska utvecklas på sätt som främjar varelserna på planeten och planeten själv.

Ändå är forskningsresan som undersöker "vad som finns" fascinerande. För att sätta ihop intressanta teorier, som bevisats med matematiska formler – som troligen någon gång blir överträffade av andra teorier, som också bevisats av matematiska formler – finns det en faktor för hur man mäter den information som upptäcks. Enligt vad Einstein kom fram till i sitt tankeexperiment, så är det tänkandet som är mätverktyget. Enligt John von Neumann så är observationen av kollapser en möjlig väg in i det som sedan mäts som det faktiska. Dr Richard Bartlett påminner oss i sin bok *Physics of Miracles* om att det vi fokuserar på är ett informationsmönster, som visar sig som materia.[12] När vi ändrar vår fokuspunkt så ger vi uppmärksamhet

159

till andra informationsmönster och i det ögonblicket kan vi nå in till en annan dimension av det vi kallar verklighet med likvärdig giltighet hos det som mäts. Jag tror att vad han menar är att om en forskare fokuserar på nollpunktsenergi, så kommer hon att kunna intyga att det är verkligheten. Om jag fokuserar på att Ande är allt som finns, så kommer jag att kunna intyga att detta är verkligheten.

Ett personligt exempel på verklighetsbyte genom att fokusera på annat, hände ganska nyligen då jag satt i tandläkarstolen. Ända sedan jag var ett litet barn, då vår tandläkare hade öknamnet "slaktaren", har jag varit orolig för att gå till tandläkaren. Nu har vi en underbar holistisk tandläkare och ändå visar sig den gamla oron, fast det inte finns någon anledning i den verklighet jag har nu. Mitt tandläkarbesök handlade bara om att göra rent och ta de årliga röntgenbilderna. Jag avskyr de vita plastbitarna som jag måste bita på medan teknikern tar röntgenbilder, särskilt de som är längst bak i munnen och som ger mig kräkreflexer. Den här gången fick jag en annan tekniker. När hon stoppade in plastbitarna bak i munnen, så instruerade hon mig att lyfta mitt ena ben från stolen och hålla foten uppe under röntgen. Jag gjorde som jag blev tillsagd. Hon kom tillbaka och frågade leende om jag fått någon kräkreflex under tiden. Jag försäkrade henne att till min förvåning, så hade jag inte det. Hon skrattade och sa att det var ett litet trick hon använder från sin kunskap om att "det du fokuserar på blir din verklighet". Jag hade fokuserat på min fot och glömt allt om den obehagliga plastbiten i munnen. Ett enkelt knep bytte för ett ögonblick min verklighet och tog mig in i en annan dimension av mitt medvetande.

Allt detta får mig att fundera över olika teorier, över observatörens roll, påverkan av fokuspunkt och över om vi verkligen vet vad vårt universum eller omniversum består av, om ens naturvetenskap kan bevisa något. Jag anser att forskningen ändå givit oss några nycklar för att förstå HUR man kan arbeta med Anden, även om den inte förklarat vad Anden är.

Påminnelse till mig själv: Återigen finner jag ord begränsande och kanske även störande för kommunikationen. Jag kan lika gärna säga Anden är allt som finns eller medveten energi är allt som finns. Jag kan inte säga "energi är allt som finns" för det skapar en bild i mitt huvud av att energi är omedveten. Jag anser att energi är medveten.

Din tur.

1. Om det som presenteras här är sant, vad skulle jag då se?
2. Om det som presenteras här är sant, vad skulle jag då höra?
3. Om det som presenteras här är sant, vad skulle jag då känna?
4. Om det som presenteras här är sant, vad skulle jag då veta?
5. Om det som presenteras här är sant, hur skulle det då kunna påverka mitt ledarskap?

Anteckningar

Synkronisering

F ör att du ska få egna upplevelser när du läser det här kapit-
let, inbjuder jag dig att reflektera över

1. Vilken färg kommer du att tänka på?
2. Vilken textur kommer du att tänka på?
3. Vilken metafor kommer du att tänka på?
4. Vilken dansrörelse kommer du att tänka på?
5. Vad lär du dig om genuin kontakt?

En av Wards första gåvor till mig var Bentovs bok *Stalking the Wild
Pendulum.*[13] Jag kunde inte sluta läsa när jag insåg vikten av ämnet synkro-
nisering. Jag gjorde en koppling mellan det somliga kallar synkronisitet och
synkronisering. Exempel på synkronisering är när Rachel och jag ringer till
varandra samtidigt, när Ward och jag svarar på en fråga på samma sätt
samtidigt, när Laura och jag har samma tanke samtidigt och när Laura
berättar för mig om något hon är bekymrad för som gäller Aaron, i samma

ögonblick som Aaron skickar ett mail med den frågan. Det är fascinerande att följa den här typen av synkronisering och följa frekvensen av exempel i mitt eget liv, på kalibreringen av två människors tankar. Synkroniseringen uppträder även fysiskt. De vanligaste exemplen är när kvinnor som bor tillsammans i samma hus, efter en tid får menstruationen vid samma tidpunkt varje månad. Jag vet inte vilken av de ursprungliga månadscyklerna som blir den dominanta kraften, som de övriga synkroniserar sig med. Ett annat exempel på synkronisering är ett ofta berättat exempel om apor på en ö någonstans, där några av dem tvättar sina potatisar innan de äter dem. Berättelsen har så många varianter att jag inte är säker på om det börjar med en apa och sedan övergår till flera eller om det börjar med några stycken. Jag är inte heller säker på om det är potatis eller någon annan sorts grönsak eller frukt. Och jag är inte säker på var ön ligger. Det går att beskriva slutsatsen utan att man vet detta. Några apor tvättade sina potatisar innan de åt dem. Fler apor på ön följde efter och tvättade också sina potatisar. En kort tid senare hade alla apor på ön synkroniserats in i samma beteende. Detta var anmärkningsvärt nog. Ännu mer anmärkningsvärt var att aporna på en närbelägen ö, som aldrig sett beteendet att tvätta potatisar, också började tvätta sina potatisar innan de åt dem.

Påverkan av synkronisering verkar vara mycket kraftfull. Jag hade ändå inte varit i kontakt med begreppet innan jag läste *Stalking the Wild Pendulum*. Det är inget begrepp som jag har förstått är allmänt diskuterat som ett ämne som det är värt att lägga märke till. Jag har inte sett att det tagits upp som ett viktigt ämne i litteratur om organisationsutveckling, även om det finns diskussioner om tröskeleffekt och kritiska massan, som antar att när en kritisk massa av människor kommit överens om något, så börjar andra att anpassa sig till det. Jag vill uppmuntra dig att vara uppmärksam på begreppet synkronisering och dess effekter på ditt liv. Du anpassar dig troligen, genom synkronisering, till energifält på sätt som du inte är medveten om. Du kan ha anpassat dig till energifält som inte är bra för ditt välmående och du kanske inte ens är medveten om att du gjort det.

Ett centralt experiment i *Stalking the Wild Pendulum*, som har givit boken dess titel, handlar om gammaldags pendelur. De forskare som deltog hade en vägg full av sådana här pendelur. Du kanske inte vet vad ett pendelur är, så jag ska kort förklara. Pendelur har en urtavla med visare som går runt och pekar på siffrorna för att visa tiden. Under urtavlan har de en pendel som rör sig fram och tillbaka, som ett sätt att hålla tiden och flytta visarna på klockan och man kan höra detta som en sorts tick-tack-ljud. I den här studien, rörde sig nästan alla pendlar vid lite olika tidpunkter och var inte synkroniserade med varandra. Några pendlar gick i takt med varandra. Enligt vad forskarna bevittnade på morgonen, så hade tydligen alla klockor på väggen synkroniserats till varandras rytm under natten och alla pendlar (utan undantag) rörde sig i takt med varandra. Det hade inte förekommit någon inblandning av människor. Alla pendlar justerade sin rytm och synkroniserade sig till det dominerande mönstret. Man refererar till det dominerande mönstret som en resonans-energifältsgenerator, som skapar en elektromagnetisk frekvens. Den här särskilda elektromagnetiska frekvensen är ett vibrationsfält.

Jag har om och om igen sett den här synkroniseringen på arbetsplatser. Medlemmar i ledningsgrupper och på personalavdelningar har arbetat hårt och spenderat en mängd resurser för att anställa exakt rätt person till en ledig plats. De kriterier som ska uppfyllas, är att hitta någon som är produktiv, innovativ, kreativ, effektiv och har visat ledarskapskompetens. Teamet har trängande behov av någon, som kan få ett hopsjunket arbetslag att börja röra sig igen. När personen varit anställd i tre månader, så beter hon sig exakt som resten av teamet. Cheferna och de personalansvariga undrar vad som hände, för de hade varit så noga under anställningsprocessen. Runt mig ser jag hela tiden effekterna av synkronisering till det dominerande vibrationsfältet.

Jag tror att annonsörer på teve och online arbetar utifrån den här idén om synkronisering. Det verkar som om människor inte vet att annonsörerna avsiktligt skapar ett resonant energifält och vet hur man använder det för att få synkronisering till en produkt. Effekten av vibrationsfrekvenser på det som människor gör, är naturlig. Det som är skrämmande är, att det verkar enkelt att med en synkroniseringsfaktor manipulera människor till de vibrationsfält, som man på en omedveten energinivå har allierat sig med.

Som jag nämnde så är morfiska fält en term som introducerades av biologen Rupert Sheldrake, för att beskriva beteenden hos arter som ansluter sig till ett vibrationsfält. Ett morfiskt fält kan ses som en vibrationsfrekvens eller en energi i form av ett informationsmönster. Sheldrakes forskning drog slutsatser från tidigare biologiforskare, som identifierade morfogenetiska fält av celler. Allt du kan sätta ord på har ett morfiskt fält. Om andra synkroniserar sig till det morfiska fältet, beror på hur kraftfullt det morfiska fältet (vibrationsfältet, informationsmönstret av energi) är som resonant energigenerator. Mycket kraftfulla människor som Mahatma Gandhi eller Sokrates var mycket starka resonanta energifältsgeneratorer och utstrålade starka morfiska fält som andra anslöt sig till.

Jag gillar att vara medveten om morfiska fält, synkronisering och resonanta energifältsgeneratorer. Anledningen till att jag vill vara medveten om vibrationsenergifälten är att det gör det möjligt för mig att anpassa mig, att tillåta synkronisering med morfiska fält, som jag ser kan vara till nytta för mig. Genom att anpassa mig till det morfiska fältet, så får jag tillgång till informationen hos det. Du kan faktiskt också välja att göra så här, om du tror att det är till nytta i ditt liv. Jag har medvetet anslutit mig till ett antal morfiska fält och kan nå informationen från dem. Mina val har innehållit de morfiska fälten av Kristusmedvetenhet, Buddhamedvetenhet, Yogananda, Sai Baba, Jungfru Maria, Maria

Magdalena, mirakler, the Genuine Contact Way, ett glädjefyllt äkten-
skap, en generös källa, modern, helaren, inom mig finns mönstret för
min optimala hälsa, Mikaels orden, Brigids orden, Matrix Energetics,
Awakened Wellness, Joel och Victoria Osteens undervisning samt jag
kommer alltid att ha överflöd. Ja, alla de här är morfiska fält som jag
anslutit mig till och som ett resultat så har mitt liv berikats mycket. När
jag väljer att ansluta mig, behöver jag inte veta något om det morfiska
fältet för att få del av fördelarna med dess informationsmönster.

Några av fälten är arketyper, betecknade som informationsmönster
som Carl Jung sa fanns inom den kunskap som alla på planeten har.
Morfiska fält har kumulativt minne. Ju fler människor som ansluter sig
till ett morfiskt fält, desto starkare blir fältet som attraherande resonans-
energifältsgenerator och som tillgänglig information. De goda nyheterna
är att du, precis som jag, kan få stora fördelar från inkörsporten till ett
informationsmönster, genom att göra medvetna val om vilka morfiska
fält du väljer att ansluta dig till. Detta inkluderar de morfiska fälten för
jag är kraftfull, jag är vacker, jag är rik, jag är givmild, jag är medkän-
nande och så vidare. Jag uppmuntrar dig att välja ett morfiskt fält att
medvetet ansluta dig till och utforska vad som händer. Om du ansluter
till det morfiska fältet av mirakler, så bli inte överraskad om du upplever
fler och fler mirakler i ditt dagliga liv.

Du kanske omedvetet anslutit dig till morfiska fält som inte främjar
ditt välmående. Ett morfiskt fält som jag ser att oräkneliga människor i
Nordamerika ansluter sig till, är det som handlar om "behöver läkeme-
del". Detta har uppnåtts genom att så många annonser på teve, åtmin-
stone tre gånger i timmen på alla kanaler, har berättat för människor att
de har symptom som behöver behandlas med läkemedel. Man kan säga
att det är som hjärntvätt. Ändå är detta bara en del av allt som händer.
Ett morfiskt fält, en informationsmönster av energi, ett vibrationsfält har
skapats av läkemedelsbolag för att uppnå synkronisering. Eftersom män-

niskor är omedvetna om att de ansluter sig till morfiska fält, så ansluter de sig tråkigt nog i alla fall, fastän omedvetet.

Jag vill uppmuntra dig att vara uppmärksam på, att du kan välja att inte ha en relation med ett problem. Om du väljer att ha en relation med ett problem, så blir detta det fält du ställer in dig på, baserat på synkronisering med ett resonansenergifält. Som organisationskonsult har jag under åren samlat intressant information om människor som anslutit sig till det morfiska fältet av problem. 2002 arbetade jag med ett universitet, som befann sig i en situation där fakulteten satt fast på grund av konflikter. När jag frågade när problemet börjat, berättade man att det var 1908. Jag såg mig omkring och visste att ingen av medarbetarna funnits med när problemen började, för de var inte tillräckligt gamla. Så hur kunde ett problem som var en hett diskuterad fråga 1908, bli ett sådant dyrt problem för universitetet 2002? De människor som funnits där under åren, hade skapat en relation med ett problem genom ett morfiskt fält för problemet. De hade tillåtit sig själva att bli anslutna till det morfiska fältet för det ursprungliga problemet, utan att ens inse det. De blev förvånade när de upptäckte roten till sina nutida konflikter.

En annan gång när vi arbetade med ett regeringsdepartement med cirka 600 personer, hittade vi samma sorts situation. Kvalitén på departementets service till allmänheten var så dålig att den fick tidningsrubriker. Cheferna anlitade oss efter att ha arbetat med att lösa situationen i ungefär sex år, utan att ha fått några framgångar. Istället hände faktiskt motsatsen. Många nya medarbetare hade anställts och efter ungefär tre månader på jobbet, var de fullständigt insnärjda i beteenden som dåliga prestationer, klagomål och en känsla av att vara offer. Ibland när ser vi sådana här resultat, så upptäcker vi att de förhållanden som medarbetarna måste arbeta i, är så livsförbrukande att vårt arbete blir att fokusera på förhållandena. I den här situationen var förhållandena utomordentliga och ledningsgruppen gjorde alla de rätta sakerna för att förbättra glädje och prestationer för medarbetarna. Ändå var de inte framgångsrika. Ledningsgruppen före dem, hade inte heller varit framgångsrik.

Vi upptäckte att 1979 hade man haft allvarliga problem med inkompetenta och bestraffande chefer, vilket nästan ledde till strejk bland personalen. För trettio år sedan var känslorna djupt engagerade i en situation, där det förekom bråk, konflikter och en endags strejk som blev mycket omskriven. Bara fem av de sexhundra medarbetarna fanns på plats för trettio år sedan då problemen började. Emellertid var det morfiska fältet för problemet starkt och under de följande trettio åren, hade nästan varje medarbetare utvecklat en relation med den ursprungliga situationen och på så sätt anslutit sig till det morfiska fältet för problemet. I nutid existerade inte det här problemet. Energimässigt så fortsatte det att existera över tid, på grund av anslutningen till det morfiska fältet. Vägen ut ur den här röran var att utveckla en stark resonant energialstring från ett annat morfiskt fält och samtidigt stödja människor att bli medvetna om sin anslutning till det morfiska fältet för problemet. De blev förvånade över sina upptäckter.

Dr Bruce Lipton har genomfört banbrytande forskning om biologin för övertygelser, forskning som man bäst kan ta till sig från hans olika YouTube-videos.[14] Enligt hans rön innebär det till exempel inte, att bara för att en persons mor eller mormor båda dog av äggstockscancer när de var femtio, så kommer den personen att möta samma öde. Det sitter uppenbarligen inte i generna utan i trossystemet. Vad jag förstår av dr Liptons forskning, så är orsaken till att personen också skulle få cancer, att hon tror på att detta är sant och hennes övertygelser triggar vissa fysiska gensvar. Med andra ord, personen allierar sig med det morfiska fältet för informationsmönstret att "varje kvinna i vår familj dör av cancer när de är femtio".

Är övertygelser så starka att de kan definiera vår verklighet? Jag tror att våra främsta forskare börjar upptäcka att detta är sant. Vi har en vän, vars far dog av en hjärtinfarkt vid femtiofem års ålder. Det gjorde även hans äldre bror. Vår vän har så starkt trott på att han också kommer att dö vid samma ålder, så han skapar hela sitt liv för att nå det här resultatet. Vi iakttar hur han saboterar sitt liv, håller hårt fast vid övertygelsen om sin kommande hjärtinfarkt och vägrar ändra matvanor eller motionera. Det är som att se en berättelse utspelas, där man redan vet slutet. Han har allierat sig med det morfiska fältet "jag kommer att få en hjärtinfarkt och dö innan jag fyllt sextio".

Genom att välja vilka morfiska fält du allierar dig med, så gör du val som antingen låser in dig eller stärker dig. Hur låter du synkroniseringen påverka dig? Vilka morfiska fält har du allierat dig med? Att särskilja de morfiska fält du allierat dig med, kan verkligen bidra till att du får de resultat du vill ha i ditt liv. Du kan ha nytta av att göra mer medvetna val vad gäller synkronisering och morfiska fält och hur ditt liv allieras med olika vibrationsfält. Vad har den här informationen om synkronisering, morfiska fält och människor som resonanta energifältsgeneratorer att göra med att Anden är allt som finns?

En del människor har ingångar till att arbeta med Anden genom meditation, bön och genom sin tro. För andra kan begrepp som synkronisering och morfiska fält vara enklare inkörsportar att ta till sig. En del människor kan vara bekväma med att tro på att Anden är allt som finns. Andra är mer bekväma med att medge att medveten energi är allt som finns. Det hjälper att gå från att tänka på energi som positiva och negativa partiklar till att tänka på energi som medveten energi. Det hjälper att förstå att om Anden är allt som finns eller om medveten energi är allt som finns, så är du också en del av ett större hav av Ande eller medveten energi. Det hjälper att räkna ut hur det påverkar ditt liv att fortsätta vara omedveten om medveten energi.

Hur vet du om ett visst morfiskt fält stämmer med den du är? Det är bara du som kan veta, genom hur det får dig att känna när du allierar dig med det. Känner du resonans med det här fältet? Känner du dig harmonisk med det här fältet? Eller orsakar alliansen med det här morfiska fältet en känsla av splittring eller disharmoni? Ditt känslocentrum ligger i ditt hjärtcentrum. När du en gång medvetet väljer vad du allierar dig med, så är det viktigt att lära sig förbli i kontakt med hjärtat, med känslocentret. Det är en värdefull informationskälla för ditt "självguidningssystem".

Påminnelse till mig själv: Jag tänker på några av barnprogrammen i teve som handlar om att förvandlas till superhjältar för att rädda situationen. Jag tror att det som mina barn brukade se hette Power *Rangers*. Power Rangers förvandlades från vanlig verklighet till ovanlig superhjälteverklighet. Jag tänker nu på detta som att först alliera sig med ett morfiskt fält och sedan med ett annat och jag tänker på hur smart de här begreppen lärs ut. Jag menar att det är bra för vuxna att iaktta barn som fantiserar om vad det innebär att förvandlas och att leka som om den nya inriktningen är verklighet.

Din tur.

1. Om det som presenteras här är sant, vad skulle jag då se?
2. Om det som presenteras här är sant, vad skulle jag då höra?
3. Om det som presenteras här är sant, vad skulle jag då känna?
4. Om det som presenteras här är sant, vad skulle jag då veta?
5. Om det som presenteras här är sant, hur skulle det då kunna påverka mitt ledarskap?

Anteckningar

Att arbeta med morfiska fält, Ande och medveten energi

För att du ska få egna upplevelser när du läser det här kapit-let, inbjuder jag dig att reflektera över

1. Vilken färg kommer du att tänka på?
2. Vilken textur kommer du att tänka på?
3. Vilken metafor kommer du att tänka på?
4. Vilken dansrörelse kommer du att tänka på?
5. Vad lär du dig om genuin kontakt?

Vad som än fungerar för dig, där du kan arbeta med Anden, är rätt för dig. Du kanske ber, mediterar eller agerar på andra sätt. Du kanske arbetar med Anden genom sådant du lärt i din religionsutövning eller som du själv uppfattat. Du kanske arbetar med Anden genom Abrahams lära om

Attraktionslagen. Du kanske arbetar med Anden utan att du håller med om att Anden finns och istället refererar du till Anden som kraften, flödet eller använder något annat namn. Jag tror inte att det har någon betydelse vilket namn du använder, så länge du tror att den här livskraftsenergin är medveten energi. Jag väljer att tro att Anden är en livskraftsfrämjande energi och det har också varit min erfarenhet av Anden. Utifrån informationen om morfiska fält, så är det möjligt att min erfarenhet är grundad på mina övertygelser och de informationsmönster som jag valt att alliera mig med.

Eftersom jag tror att Anden är en livskraftsfrämjande energi, så överensstämmer min kunskap om hur man arbetar med Anden med mina övertygelser. Jag har inget intresse av övertygelser om Anden som straffande eller destruktiv, på grund av vissheten om att människor som allierar sig med sådana övertygelser, också kommer att uppleva det som följer med de informationsmönster som de allierat sig med. Om du av en händelse omedvetet har allierat dig med ett informationsmönster, så är det dags att upptäcka vad du allierat dig med och besluta om du vill justera något.

Arbetet med Anden kräver att jag ofta kliver ut ur min komfortzon. Just när jag börjar slå mig till ro i min vardagliga komfortzon, så blir jag överraskad. Överraskningen resulterar ofta i att jag utvidgar mitt perspektiv om vad som är verkligt. Det slutar med att jag får en ny komfortzon som inkluderar det utvidgade perspektivet. Jag blir då bekväm med min nya vanliga verklighet. Och gissa vad som händer? Jag blir överraskad igen. Expansionsprocessen fortsätter och jag inser att när man arbetar med Anden, så är det viktigt att erkänna att expansion och växande är konstant. Man inser att man släpper förnimmelsen av en enda vanlig verklighet och flyttar sin medvetenhet till vad som just då uppfattas som en ovanlig verklighet.

För mig har den ovanliga verkligheten krävt, att jag vänjer mig vid verkligheten som multidimensionell, även innehållande närvaron av varelser i andra dimensioner. Jag tror till exempel på en dimension där vi existerar mellan våra liv. Jag tror på en dimension där änglar existerar, även våra särskilda skyddsänglar. Jag tror på andra varelser i andra dimensioner, av vilka några arbetar genom mediala och begåvade intuitiva (ibland kallade för synska) personer, för att kommunicera med oss. Jag är mest intresserad av de som kommunicerar med oss för att hjälpa oss arbeta för bästa möjliga framtid. Jag tycker det är bra att konsultera människor som är duktiga på en direkt och tydlig interdimensionell kommunikation, så att jag kan fatta mer välgrundade beslut om mitt personliga liv och mitt företag. Jag lär mig också av varelser från andra dimensioner genom de böcker och ljudupptagningar som finns. Jag beundrar Esther och Jerry Hicks arbete med att sprida information från en varelse som kallas Abraham. I Attraktionslagen lär Abraham oss mycket om hur man arbetar med Anden.

När jag lärde mina barn om arbete med Anden, följde jag de råd som Abraham ger. Råden innehåller: 1 att skapa en intention, 2 att släppa taget om bindningen till resultat och därefter 3 att byta medvetenhet till att vara i ett tillstånd där Anden tillåts göra Andens arbete. Att stanna i det här tillståndet handlar helt enkelt om att vänta med förväntan, utan bindning till ett visst resultat och att veta att resultaten kommer att vara till fördel. Richard Bartlett har underbara råd för att klara det här. Han ger vänstra hjärnhalvan, den som är den linjära processorn, något att göra. Till exempel så älskar den vänstra hjärnhalvan att mäta. Att låta vänster hemisfär mäta utgångspunkt och önskat resultat, ger den något att göra som den älskar. Detta tillåter då den högra hemisfären, parallellprocessorn, att förbli öppen för vad det blir av alla möjligheter. Hans beskrivning av hur man gör detta, är mycket användbar vad gäller hur man uttalar intentionen och sedan går ur vägen och särskilt hur man får den linjära processorn i hjärnan ur vägen, för annars kommer den att vilja hålla på att mäta om resultatet inträffat eller inte. Mätning finns inte i den fysiska kroppen. Den finns i tanken.

Jag har lärt mina barn att Anden kräver att de alltid gör en del av arbetet. Man arbetar inte med Anden genom att ta det lugnt och bara göra en önskelista av intentioner. När de har haft olika slags bekymmer, har jag bett dem skriva ner sina intentioner på små kort, en intention på varje kort. Nästa steg i uppgiften är att räkna ut någon eller alla handlingar som de kan vidta för att nå sin intention, både små och större och skriva alla dessa på separata kort. När alla idéer plockats fram så har varje intention ett antal handlingar som den hör ihop med. Jag har rått dem, att varje dag behöver man göra framsteg med någon av handlingarna, även om det bara är pyttelite, för att visa att man arbetar med Anden med positiv förväntan.

När jag arbetar med Anden, kan jag ta mig ur linsen av vanemässig uppfattning av min vanliga verklighet. Jag väljer att vara öppen för det ovanliga, för överraskningar, för mirakel. När jag får bort mig själv från linsen av vanemässig uppfattning, så är jag uppmärksam på det som visar sig. Det kan vara väldigt roligt. Jag är övertygad om att Anden är en medveten energi med en stor portion humor. Jag har gått genom en bokaffär och funderat på en fråga och en bok har fallit från hyllan och ner på golvet rakt framför mig. Jag iakttar och upptäcker att det som står i boken är svaret på min fråga. Om jag inte iakttagit, hade jag inte varit öppen för att titta på boken som ramlade från hyllan, för den logiska delen av min hjärna hade hittat en rationell orsak till varför boken ramlat ner. Den icke-logiska delen av hjärnan som vill leka, skulle ha sett boken och engagerat sig i den för att upptäcka vilken gåva den förde med sig.

En gång när jag faciliterade ett möte i ett samhälle, så kom en kvinna fram till mig i pausen. Hon berättade att hon inte var intresserad av mötet men att hon kommit enbart för att tala med mig. Jag väntade för att få reda på vad hon ville veta, vilket var lite egoistiskt. Hon ville inte alls ha något från mig utan ville ge mig ett förslag. Jag blev uppmärksam för detta var helt klart något jag inte förväntat mig och jag insåg att det var något som var annorlunda. Hon sa att hon just läst en bok som hette *Molecules of Emotion* och att hon blivit inspirerad att komma och berätta om boken för att det var viktigt för mig.[15] Där slutade samtalet med att hon gick. Jag köpte boken och den var verkligen viktig för något jag sökte efter just då. Mitt arbete var att vara öppen för vad en ovanlig verklighet gav mig, att iaktta.

Jag tycker att ordet "in-spirera" är värt att notera lite extra. Det beskriver arbete med Anden (eng. Spirit) som andan (eng. spirit) inuti. Ett sätt på vilket jag upplever arbetet med Anden är, att när jag räknar ut något, så hamnar jag i en känsla av "aha". När jag vill expandera mitt uppfattningsområde för att finna lösningar, så släpper jag tankar, känslor, önskade resultat och går inombords. När jag känner mig inspirerad, så vet jag att Anden arbetat med mig för att vägleda mig till lösningen.

Jag kan inte nå det här tillståndet om jag är stressad. Jag övergår oftare till flykttillstånd än till stridstillstånd när jag är stressad men oavsett vilket av dessa tillstånd jag befinner mig i, så är jag så spänd att jag inte kan nå den stilla platsen inuti för att bli inspirerad. Jag har flera olika sätt för att släppa stressen så att jag kan arbeta med Anden. Varje morgon gör jag en sorts tai-chi som heter Y-Dan, omedelbart följt av Peter Van Daams yoga, som utformades från Edgar Cayces lära. Båda bearbetar alla ryggkotor och tränar alla organ. De innehåller övningar som att dra upp skuldrorna och låta dem falla ner igen och jag känner hur stressen lämnar mig, särskilt med de här övningarna. Jag släpper stressen med de aktiviteter och fritidsintressen jag gillar mest. Jag släpper stressen när jag sitter i en gungstol på vår veranda och ser på och iakttar naturen runt mig. Jag släpper stressen när jag är med människor jag älskar, när vi lagar mat tillsammans, skrattar tillsammans och till och med arbetar tillsammans.

Jag har ett Freeze-Framer dataprogram från HeartMath Institute som jag använder för att mäta min förmåga att ha samstämmighet mellan hjärta och hjärna, ett tillstånd som är fritt från stress. Det är ett bra instrument för biofeedback, så att jag kan lära mig mer om när jag känner stress och inte. Genom att lägga märke till hur det känns att vara fri från stress, så kan jag enklare återvända till ett stressfritt tillstånd. Jag vill vara i den form som krävs för att kunna lyssna på Anden, när den arbetar i mig.

Jag förväntar mig mirakler och jag älskar mirakler. Jag uttrycker min tacksamhet för mirakler varje dag, ibland på morgonen, ibland ännu en gång på kvällen och ibland när de händer. Det som hänt är att så många inträffar att jag inte hinner med att uttrycka min tacksamhet. Även om vi är inne på ämnet mirakler, så vill jag ännu en gång uppmärksamma dig på morfiska fält och synkronisering. När jag allierar mig med mirakler och andra allierar sig med mirakler, så är det möjligt att vi just nu programmerar medvetenheten om mirakler in i ett morfiskt fält för mänskligheten. Och om det är sant, kan då mänskligheten bli synkroniserad med mirakler? Och om det är sant, vad kan det då innebära för mänsklighetens framtid? När man arbetar med Anden, är det bra att använda fantasin. Det finns oändliga möjligheter för vad som kan skapas.

Påminnelse till mig själv: Om Anden är allt som finns och det vi ser är Anden som materia, så måste vi ju arbeta med Anden hela tiden. Jag tror att det jag skrivit om handlar om att utveckla medveten uppmärksamhet på att arbeta med Anden, så att jag blir mer av en medskapare av min framtid. John Pothiah, en begåvad klärsentientisk person som jag ibland besöker för att få vägledning, har lärt mig om ödesmarkörer, karma och fri vilja som är tre aspekter som påverkar min framtid. Jag tror mitt skrivande handlat om aspekten av den fria viljan. Ödesmarkörer handlar för mig om min gudomliga plan, inom vilken jag kan använda min fria vilja. Vilka människor och omständigheter jag får hantera påverkas av karma. Att arbeta med Anden är ett stort ämne.

Din tur.

1. Om det som presenteras här är sant, vad skulle jag då se?
2. Om det som presenteras här är sant, vad skulle jag då höra?
3. Om det som presenteras här är sant, vad skulle jag då känna?
4. Om det som presenteras här är sant, vad skulle jag då veta?
5. Om det som presenteras här är sant, hur skulle det då kunna påverka mitt ledarskap?

Anteckningar

KAPITEL FYRA

Förändring är konstant

Jag menar att förändring, med åtföljande förluster, sorgearbete och konflikter, är konstant

Individer och organisationer som utvecklar stor skicklighet i att arbeta med förändring, kan bibehålla optimal effektivitet. De här ledarna och organisationerna erkänner att förändring inte kan styras, att energi som används för att försöka styra förändring är bortkastad och att produktiv användning av personlig och organisatorisk energi uppnås genom att arbeta med förändring och inte emot den.

För att du ska få egna upplevelser när du läser det här kapitlet, inbjuder jag dig att reflektera över

1. Vilken färg kommer du att tänka på?
2. Vilken textur kommer du att tänka på?
3. Vilken metafor kommer du att tänka på?
4. Vilken dansrörelse kommer du att tänka på?
5. Vad lär du dig om genuin kontakt?

Livet går upp och ner. Det verkar finnas något som inte går att ta på bakom det liv vi ser, en livskraft. Vetenskapsmän, teologer, antika och moderna mystiker har alla sina förklaringar. Jag förstår att detta är ett stort mysterium och att våra intellekt vid den här tidpunkten av vår utveckling, inte är kapabla att förstå svaret. Jag har skapat trosmönster som är användbara för mig när jag leder mitt liv. Jag uppmuntrar dig att göra detsamma. Jag hoppas att när vi är många som vill skapa en liv-givande framtid för alla, så kan vi verkligen åstadkomma en betydande påverkan på framtiden, individuellt, organisatoriskt och globalt. Jag hoppas vi kan åstadkomma ett skifte i medvetenheten, bort från rädsla och offermentalitet och till ett kraftfullt medskapande.

Jag väljer att tro att livskraften är en kreativ och inte en destruktiv kraft. För att frodas i konstant förändring som individ och organisation, så tror jag det är bra att följa med den här livskraften. Jag tror det är bra att kunna bemästra hur man påverkar den här livskraften i så hög grad som vi har möjlighet att påverka.

Om du hittat sätt som gör att du kan vara i flödet med din livskraft, så har du redan utvecklat något av den skicklighet du behöver för att frodas i förändring. Jag har många erfarenheter av hur jag kämpat mot detta. Jag vet inte varför jag valde att skapa många av mina erfarenheter genom att kämpa emot denna livskraft som jag tänker på som Anden, men det gjorde jag. I mitt kämpande sprang jag på snälla barriärer, som jag kunde ha uppmärksammat och sedan gått tillbaka in i flödet. Ofta gjorde jag inte det och sprang då på en större blockering som inte var så snäll. Eftersom jag har en tendens att vara ihärdig, något somliga kallar envishet, så fortsatte jag att kämpa och försökte kontrollera hur jag ville att mitt liv skulle bli. Jag kan vittna om att kämpandet slutade i smärt-samma erfarenheter. Jag tänker på några av dessa som när man blivit träffad i huvudet av ett vedträ. Endast då stannade jag upp, omvärderade och funderade ut vart livsflödet tog mig. På senare år har jag gjort medvetna ansträngningar för att lära mig hur jag korrigerar min väg tillbaka till flödet vid de första tecknen av mjuka knuffar. Jag vill inte vänta på upplevelsen av att "få ett vedträ i huvudet". Jag fortsätter arbeta på att utveckla min skicklighet i att stanna i flödet.

Om du hittat sätt att påverka den här livskraften där den kan bli påverkad, så har du redan utvecklat en del av den skicklighet du behöver för att frodas i förändring. I vår fortsatta historia som människor, har vi omfattande bevis på bönens kraft, intentionens kraft och den kraft som finns hos en enda individ genom djup och vidsträckt påverkan. Ett mycket begåvat medium som jag beundrar, John Pothiah, Ontario, Kanada, en sann klärsentientisk kommunikatör, har väglett mig att förstå att flödet i våra liv påverkas av ödesmarkörer, karma och fri vilja. Jag menar att min översjäl måste hitta någon sorts överenskommelse med de ödesmarkörer och den karma som påverkar mitt liv, med syftet att ge mig de särskilda upplevelser jag behöver för mitt växande och min utveckling under den här livstiden. Min översjäl har, genom fri vilja, gjort val och avtal som påverkar mitt liv. Inget är till för att straffa eller belöna mig, utan bara för att ge mig bästa möjliga upplevelser. Så därför, om ödesmarkörer och karma skapas av min översjäls fria vilja och därför finns bortom den fria viljan av mitt nuvarande jordiska jag, så är det fokus jag väljer att ha för att kunna påverka livskraften när den flödar i mitt liv, inom det område som lämnats öppet för den fria viljan hos mitt nuvarande jordiska jag.

Enligt mina erfarenheter så har den fria viljan tillgång till ofantliga hav av möjligheter och jag kan använda min påverkan till att skapa sannolikheter. Som jag nämnt tidigare, så älskar jag dr Toni Petrinovich arbete i *Divining Truth, Straight Talk from Source* där hon ger oss budskapet att man ska ta i anspråk den fulla kraften av den man är.[16] Att använda inflytandet av hela mitt jag för att dra till mig sannolikheter, tillåter mig att agera, istället för att känna mig som en kork som guppar i en flod. Jag frodas inte i konstant förändring om jag känner mig som en kork som guppar i en flod. Jag har upptäckt att jag har rätt mycket kraft inom mig som jag kan påverka min verklighet med. Du har samma kraft inom dig. Alla har visdomen, begåvningen inom sig att göra detta, för att bli vad var och en önskar och därmed skapa ett resonant attraktionsenergifält. Jag fortsätter arbeta med att utveckla skicklighet i att påverka min verklighet på det område som är öppet så att jag kan använda min fria vilja.

Jag började att frodas i förändring när jag valde att förstå att jag inte kunde kontrollera saker och att jag måste sluta tro och bete mig som om jag kunde. Jag började också förstå att det inte finns någon sanning och lögn. Det som finns är bara ett tankemönster som formar en övertygelse. När jag väljer de tankemönster som producerar nyttiga och konsekvent användbara resultat, så vet jag att jag utvecklar mig själv att frodas i förändring. Så jag släppte mina tankemönster om att kontrollera saker. Jag antog ett tankemönster som innebar att jag såg mig själv som en generator för resonanta energifält, som kunde attrahera det som var bäst för mitt välmående, in till mitt liv. Jag antog en övertygelse om att leda mitt liv från perspektivet att jag har mönstret för min optimala hälsa inom mig, precis som varje annan organism inklusive organisationer, har. Jag antog en övertygelse om att genuin kontakt är en nyckel för att nå resultat från helheten av det jag är. Jag antog en övertygelse om att Anden är allt det som finns och att underbara, konkreta resultat kommer när man arbetar med Anden. Jag kan tänka på Anden som medveten energi och resultaten blir de samma. När de här tre övertygelserna ersatte den jag tidigare hade, om att jag bara kunde överleva om jag hade kontroll, så fick jag användbara övertygelser för att gå vidare i livet på ett sätt som gör att jag kan frodas i förändring.

När jag inte får resultat som känns bra för mitt välmående, så gör jag det jag vet jag behöver göra för att rena, balansera och ge näring till mig själv emotionellt, själsligt, fysiskt och mentalt. Jag arbetar för att kunna få tillgång till hela mitt jag, inklusive de fyra dimensionerna av min medvetenhet. När jag är renad, balanserad och har fått näring till alla de fyra dimensionerna av min medvetenhet, så inställer jag mig i mitt liv i den bästa form jag kan vara i, för att kunna frodas i konstant förändring. Från denna grund kan jag vara uppmärksam på influenser runt mig som kan orsaka energiläckor, att jag överger min personliga kraft och många andra sätt som jag kan bli invaggad i för att sabotera för mig själv. Jag utvecklar min medvetna uppmärksamhet på morfiska fält, så att jag gör medvetna val om vilka jag inte vill alliera mig med och vilka jag beundrar och vill alliera mig med. Jag är klar över att jag inte vill alliera mig med något morfiskt fält där jag tappar min kraft, där människor hävdar sina begränsningar och där människor allierar sig med offermentalitet.

Om jag skulle definiera det här sättet att förstå hur man frodas i förändring som en slags teknik eller metod, så skulle jag kalla den för en medvetenhetsteknik. För att kunna frodas i förändring, så bytte jag medvetenhet. För att som individ kunna frodas i förändring, så krävs ett byte av medvetenhet.

Påminnelse till mig själv: Att frodas i förändring kräver också en balans mellan aktivitet och vila. Vila mera.

Din tur.

1. Om det som presenteras här är sant, vad skulle jag då se?
2. Om det som presenteras här är sant, vad skulle jag då höra?
3. Om det som presenteras här är sant, vad skulle jag då känna?
4. Om det som presenteras här är sant, vad skulle jag då veta?
5. Om det som presenteras här är sant, hur skulle det då kunna påverka mitt ledarskap?

Anteckningar

Organisationer som frodas i förändring

För att du ska få egna upplevelser när du läser det här kapitlet, inbjuder jag dig att reflektera över

1. Vilken färg kommer du att tänka på?
2. Vilken textur kommer du att tänka på?
3. Vilken metafor kommer du att tänka på?
4. Vilken dansrörelse kommer du att tänka på?
5. Vad lär du dig om genuin kontakt?

Jag önskar jag kunde försäkra dig om att bra organisationsutvecklingsmetoder kan resultera i en organisation som frodas i förändring. En troligare bild är att organisationer är byggda för stabilitet. Traditionell organisationsutvecklingspraxis på området förändringsstyrning har varit att bedöma organisationens befintliga tillstånd och stödja organisationen att komma ur detta. Sedan genomförs aktiviteter för att nå ett förutbestämt önskat tillstånd och frysa fast organisationen i det önskade tillståndet. Organisationsutvecklingsspecialister meddelar att uppdraget är slutfört. Om de är externa konsulter så lämnar de och om de är interna konsulter så har de chansen att bevittna vad som händer. Den bortgångna Kathleen Dannemiller är en pionjär när det gäller att undersöka det här fenomenet med sin metod Real-Time Strategic Change, som beskriver hur organisationer utvecklar reumatiska leder där det inte funnits något energiflöde. Organisationens nya låsta tillstånd slutar, precis som det tidigare tillståndet, oundvikligen i reumatiska leder som skapar stora svårigheter för organisationen att frodas i förändring.

Lawler och Worley noterar i sin bok *Built to Change,* att nittio procent av förändringsinsatserna misslyckas.[17] De bevisar på ett övertygande sätt att ett av de viktigaste hindren för framgång med förändring är att organisationer är byggda för stabilitet och inte för förändring. De rekommenderar starkt att organisationer ska utformas för förändring och poängterar att den traditionella organisationsutvecklingspraxisen om att åter frysa fast organisationen i det nya önskade tillståndet, inte ger den rörlighet och flexibilitet som en organisation behöver. Jag skulle säga att de ber professionella som arbetar med organisationsutveckling, att vara villiga att förändras.

Jag har arbetat med många organisationer som gått igenom förändringar, ofta som svar på förändringar i deras interna och externa omgivning. Jag har observerat två nyckelfaktorer som gör mycket stor skillnad för om förändringsarbetet blir framgångsrikt eller inte. Den första är om högsta ledningen förstår vilken betydelse och påverkan det innebär att leda en organisation som ska frodas i förändring och att de är villiga att leda organisationen igenom förändringsprocessen och leda en organisation som är flexibel och anpassningsbar. Detta kräver ledarnas kapacitet att använda konstant förändring och att skapa förutsättningar för människor i organisationen att finna sitt sätt att frodas i konstant förändring. Den andra är att individer i organisationen måste ta personligt ansvar och arbeta för att frodas i förändring. När individerna samlas som ett kollektiv, så kommer kollektivets kapacitet att frodas i förändring, att ha den grund som behövs. Varje gång jag sett en organisation som utvecklat kapaciteten att frodas i förändring, så har de här båda faktorerna varit avgörande. Båda nyckelfaktorerna kräver ett byte av medvetenhet. Det första är att ledningen byter medvetenhet från vanligt ledarskap till extraordinärt ledarskap. Alla ledare har den här potentialen. Det andra är att individerna i organisationen byter sin medvetenhet från nuvarande uppfattning om vanlig verklighet till ett om en icke vanlig verklighet.

Att ha tillgång till kollektiv intelligens i organisationer

Att frodas i förändring kräver att man arbetar med det kollektiv av individer som utgör en organisation. Vare sig organisationen består av ett par, en familj, ett arbetslag, en avdelning eller en hel organisation, så sammanfaller individuell förmåga att frodas i förändring med kollektiv förmåga att frodas i förändring. Denna kollektiva förmåga ligger ofta vilande i en organisation, för det finns inget forum där man kan få tillgång till den kollektiva intelligensen som består av intellektuella, emotionella, själsliga och fysiska dimensioner av medvetande. De organisatoriska genombrott som är möjliga utifrån ett byte av medvetenhet, kräver organisatorisk kapacitet att använda den kollektiva intelligensen hos dem som organisationen består av.

I åratal har jag blivit fascinerad när jag utforskat kollektiv intelligens och hur man kan nå intelligensen i en cirkel av människor. Jag har fokuserat på den här utforskningen i decennier och varit övertygad om kraften i den mänskliga kapaciteten att finna lösningar till nytta för mänskligheten, oavsett om det är i små företag eller globala organisationer. Tidigare har jag bevittnat hur organisationer har misslyckats att utvecklas för att människor arbetade i slutna rum och för att man saknat organisatorisk kapacitet att använda den kollektiva intelligensen för växande, förnyelse och innovationer. Intelligensen fanns där. Jag visste att intelligensen fanns där, för när människor gick ut från sina slutna rum – till exempel till en lokal pub efter jobbet – så flödade lösningar lika lätt som ölet. De började ofta med fraser som "om de bara kunde lyssna på mig", " du kommer inte att tro vad *de* gjort nu" eller "om vi bara kunde göra på vårt sätt, så skulle vi kunna arbeta mer effektivt, men istället har de skickat hit någon expert för att räkna ut det och *de* lyssnar fortfarande inte på oss".

Min utforskning har tagit mig med på en intressant resa som ofta utmanar mina tidigare perspektiv och får mig att överge tankemönster och beteenden och de perspektiv som inte längre passar mig. Jag har mött fascinerande människor runtom i världen och oavsett vilket land jag befinner mig i, så möter jag människor som också söker lösningar för en hållbar, återskapande och livgivande existens. De här människorna har givit mig hopp, för att så många är med på det här sökandet och de verkar finnas i alla länder.

Jag lärde mig kraften i att arbeta med arketyper när jag började studera Carl Jungs forskning. En arketyp är ett mönster som alla människor har någon form av överensstämmelse med, nästan som om det finns i deras upplevda minnen, även om det inte är så. När vi leder kurser så genomförs de i cirkel, utan bord eller andra barriärer emellan. I alla länder, i alla kulturer, så tackar människor oss för att vi tar tillbaka det här formatet till dem och påminner dem om deras traditionella sätt att arbeta i en cirkel. Cirkeln är en kraftfull arketyp som hjälper människor att komma ihåg sin visdom.

På 1980-talet påbörjade jag en djup utforskning av medicinhjulet hos världens ursprungsbefolkningar, ibland kallat Gratitude Hoop eller vid andra namn. I alla ursprungliga kulturer finns det en tradition av att arbeta med en cirkel, som är delad i fyra kvadranter med riktningarna norr, öster, söder och väster. Detta är också en kraftfull arketyp. Vare sig det är uråldrig grottkonst eller det senare medicinhjulet, så används den här arketypen för att förstå livet och navigera in i den okända framtiden som samhälle (organisation) för att utveckla en förståelse av livet, en förståelse av samhällslivet och överenskomna lösningar för att kunna navigera till den önskade framtiden för samhället.

Under 1980-talet vidgade jag min karriär från att ha PR-ansvaret i en organisation till att nå en livsdröm om att vara vd för en annan. Båda var ideella organisationer inom hälso- och socialtjänstområdet. Enligt min åsikt, så är detta den svåraste sektorn att arbeta i som chef eller vd, för det finns ofta inte tillräckligt med resurser för de uppgifter som ska göras, en stor ambition att genomföra uppgifterna och behovet att vara mångsidig, anpassningsbar och ändå hålla rätt kurs. Jag tror att både privat och offentlig sektor skulle gagnas av att anställa människor som har bemästrat ledarskapet i ideell sektor.

Jag tog med mig mitt lärande om medicinhjulet till organisationen, inklusive valet att ha personalmöten i cirkel. Jag fick inte de resultat jag ville ha, så jag bad om råd från de äldre i det närbelägna Six Nation-reservatet. Jag hade arbetat med dem några år tidigare, under sent 70-tal, med sådant som handlade om rätten till självstyre för barnhälsovården. Då startade jag den första barnhälsomottagningen på ett indianskt reservat i Nordamerika, som sköttes av indianer med syftet att sköta barnhälsovården enligt Kanadas lag men också enligt den indianska kulturen. Det var slutet på en era då man flyttade de här barnen från reservatet och placerade dem i icke-indianska fosterhem och internatskolor, en praxis som var grovt kränkande.

Så jag gick tillbaka till de äldre. De lyssnade på vad jag vill uppnå när det gällde att transformera den organisation som jag nu hade ansvar för, från en välgörenhetsmodell till en modell för social rättvisa, så att den skulle kunna arbeta mer tillsammans med vår kundbas, sida vid sida och visa respekt för deras värdighet och göra rätta val. Jag förklarade nu att jag fört in beslutsfattandet i en cirkel. De log och sa "ditt hjärta och din metod är bra. Problemet är att du har för bråttom. När vi måste hitta lösningar, så tar vi tid på oss. Vi börjar med en cirkel av hövdingar med mormödrarna stående bakom. Hövdingarna måste vara ansvariga för sina beslut mot mormödrarna och samhället de representerar. De förstår att de har stort ansvar, inte gentemot sina egon, utan mot mormödrarna och samhället. Om det inte är möjligt att finna lösningen vid ett möte, så väntar vi tills nästa gång vi har möte. Det finns ingen skam i att inte hitta lösningen snabbt. Det finns en skam i att inte komma till rätt lösning för de inblandade". De fortsatte sedan att berätta om ett årligt möte där man kunde söka efter en lösning under tio år i rad till alla kunde komma överens.

Jag sa att jag behövde lösningar snabbt och att transformationen till ett annorlunda sätt att fungera i hela vår organisation (samhälle) behövde uppnås på ett sätt, så att det nya sättet att arbeta och vara blev hållbart. De önskade mig lycka till, med leenden och ord som sa mig att det inte var tillrådligt att skynda sig och att det inte skulle ge de resultat jag ville ha. Vid den tidpunkten hade det varit enkelt att ge upp om det sätt jag ville leda organisationen på, att ge upp om hur jag ville arbeta med personalen, styrelsen, frivilliga och samhället på ett delaktigt sätt som nådde in till vår kollektiva visdom.

Jag var också tacksam att jag 1991 fick veta att det var dags för indianerna att ge bort medicinhjulet så att det kunde användas av hela mänskligheten. Indianerna hade noga bevarat den här kunskapen för mänskligheten under årtusenden, så att man åter skulle kunna använda den för att skapa en livgivande framtid för mänskligheten. Jag är djupt tacksam för den här gåvan till mänskligheten. Jag erkänner att inte alla ursprungsbefolkningar håller med om att denna gåva ska kunna användas av alla människor. Jag kan bara uttrycka min tacksamhet och minnas att en gång hade vi alla denna kunskap. Jag är djupt tacksam mot ursprungsbefolkningarna för att de har bevarat kunskapen, när resten av oss förlorade den.

I snabb följd omedelbart efter att gåvan skänkts och jag fått vetskap om den, mötte jag Harrison Owen och lärde mig facilitering med hans metod Open Space Technology (OST) och jag mötte bortgångna dr Angeles Arrien och lärde mig om tvärkulturellt arbete med medicinhjulet i alla ursprungskulturer i det arbete hon kallar The Four-Fold Way, vilket sträcker sig över alla kulturer. Jag mötte och lärde mig av John Cobb om processfilosofi och processteologi,[18] som anknöt till vad jag visste om kvantfysiken och jag mötte och lärde mig av dr Marge Denis arbete vid the Ontario Institute for Studies in Education (OISIE), om att facilitera möten med processfacilitering. Alla fyra förespråkade att arbete med grupper ska ske i en cirkel utan barriärer emellan. Detta var uppmuntrande för mig. Alla fyra menade att det fanns en kollektiv intelligens eller kollektiv visdom som kunde nås och att de lösningar man fann skulle stödja alla grupper att uppnå det som annars, med vanligt tänkande, kanske skulle bedömas som omöjligt.

Anpassningsbar, hälsosam tillväxt kräver att organisationen har förmåga att integrera den kollektiva intelligensen från alla berörda i den. Detta kräver också att de medel som används för att nå och använda den kollektiva intelligensen kommer av att man rider på vågen av lösningar, istället för att stanna i ett fixerat, mer begränsande problemfokus. Open Space Technology och Process Facilitation är båda metoder för att facilitera möten, som inte tillåter att verkligheten ignoreras, när den en gång blivit uppmärksammad och som tillåter människor att använda individuell och kollektiv intelligens för att finna lösningar på kort tid.

Då var Open Space Technology (OST)-möten tvådagars-konferenser, som senare utvecklades till att vara framgångsrika på kortare tid. Jag var inte intresserad av hur korta tidsramar man kunde ha, bara för att det skulle gå fort. Mitt intresse handlade mer om hur kort tidsram som skulle tillåta att man använde den kollektiva intelligensen på fördelaktiga sätt. Min erfarenhet var att detta kunde uppnås i ett fyratimmars OST-möte, även om jag föredrog möten som varade i två dagar eller mer, för att säkerställa att den bästa visdomen kommit fram. Om det tagit lång tid att komma fram till den existerande situationen – och i ett fall i en organisation jag arbetade med, hade röran existerat i åttio år och kostat dem massor av tid och pengar – så var två eller tre hela dagar för att hitta de lösningar som framgångsrikt kunde implementeras av villiga deltagare, en mycket liten investering av både tid och pengar.

Om man bedömer utifrån fokus på människors tankar och samtal, så verkar det svårare att veta vad det är som fungerar än vad som inte fungerar. Det nyligen framväxta fältet om positiv psykologi föddes formellt under 1990-talet. Man lyfte fram att mer än 90 % av alla publicerade psykologiartiklar handlade om sådant som inte fungerade och bara en liten andel fokuserade på något positivt. Vare sig en individ arbetar med något i sitt liv eller i sin organisation, så kommer det att krävas en medveten och disciplinerad ansträngning för att skifta från tendensen att fokusera på problem till att fokusera på lösningar. För de som är intresserade av att skifta från ett problemfokuserat tankemönster till ett lösningsfokuserat, så finns det ett antal böcker och andra resurser för att hjälpa individer att förändra vad deras intellekt fokuserar på. Ja, jag trycker åter på vikten av en förändring av medvetenheten hos individen.

I min utforskning var jag intresserad av att upptäcka om ett sådant skifte av medvetenhet till att rida på vågen av lösningar, istället för att vara fixerad vid problemet, är möjligt för de människor som utgör en organisation. Jag var intresserad av framväxten av de teorier under 1990-talet, som handlade om kritiska massan och den procentandel av människor i ett system som krävdes, för att åstadkomma en förändring i hela gruppen. Olika forskare fann att om även så lite som tio procent av en grupp förändrade sitt tänkande och beteende, så skulle hela gruppen förändras. Det enda betydande förbehållet var att den grupp som utgjorde tio procent, måste representera en maximal blandning av organisationen. Samma förändring kunde inte ske med bara tio procent, om alla de tio procenten återfanns inom samma nivå eller grupp i organisationen.

Kritiska massan blev grunden för en framväxande ny ström av praxis inom organisationsutveckling, som man ibland refererar till som Whole System Meetings och ibland som Large Group Interventions. OST blev accepterad som en trovärdig, pålitlig metod för att leda möten med hela systemet och ansågs vara den mest öppna och, under min artonåriga historia med frekvent användning av OST, den mest effektiva metoden för det här nya sättet att arbeta med möten som katalysator för att skapa förändringar i organisationer och kollektiv. Ett skifte från problemfokus till lösningsfokus i ett kollektiv var möjligt om man använde OST och andra mötesmetoder för hela system. I min strävan att hjälpa organisationer dra nytta av visdomen hos den kollektiva intelligensen, så var det viktigt att kunna arbeta med kollektivet på ett sätt så att den kollektiva intelligensen för lösningar snabbt kunde nås, till och med under ett enda möte.

Ward och jag har som team tillfälle att arbeta med extraordinära ledare i hela världen. Extraordinära ledare klarar av att tänka på ett ovanligt sätt och är villiga att vidga sina perspektiv. När vi föreslår att kollektiv intelligens är en resurs som de kanske vill bli mer uppmärksamma på, så förstår de det gamla talesättet att "helheten är större än summan av dess delar" och de vill veta hur de kan använda den kollektiva intel-ligensen i sina organisationer för att få resultat. Vi uppmuntrar de här ledarna att leda sina organisationer från ett perspektiv som innehåller utvecklingen av en livgivande operativ plattform för organisationen, inklusive en frigörande struktur och en delaktighetsskapande arkitek-tur, om de vill maximera möjligheten att arbeta med den kollektiva intelligens som finns inom organisationen.

Den operativa plattformen är vanligen det fysiska uttrycket av tros-systemet hos nyckelpersonen i organisationens ledning, när det gäller hur stor frihet hon är villig och har möjlighet att ge sin personal för att utveckla egna lösningar och fatta egna beslut samt det regelverk hon väljer för att tillåta denna frihet. Hur frigörande kan strukturen vara, för att människor faktiskt ska kunna genomföra arbetet effektivt, utifrån sina personliga mandat? Hon behöver vara villig att ta kom-mandot utan att kontrollera. Att ta kommandot innehåller att vara mycket tydlig med vad som inte är förhandlingsbart för henne eller vilka ramarna är samt vilken grad av frihet medarbetarna har för att vara innovativa och fatta beslut. Med andra ord, hon skapar sina egna regler för hur man engagerar sig i driften av organisationen.

Det är helt underbart att se de förbättringar som sker i organisa-tionen, när reglerna för engagemang och för den operativa plattformen uttalas explicit, istället för att personalen ska gå genom ett minfält med antaganden om sådant som finns outtalat i operativsystemet. Ledarens övertygelser och den frigörande strukturen är två av nyckelfaktorerna för den operativa plattformen. En annan nyckelfaktor är att skapa tid och utrymme för möten med stor delaktighet, där man kan nå den kollektiva intelligensen hos deltagarna. Vi beskriver detta som utvecklingen av en delaktighetsskapande arkitektur inom en frigörande struktur.

Precis som en individ måste disciplinera sitt intellekt mot lös-ningsfokus – för att undvika att låsas fast i problemfokus – så måste organisationen utveckla sin disciplin för detta. Inom denna disciplin måste det finnas ett mönster av att använda möten och andra fora, för att finna lösningar genom att dra nytta av den ofta förbisedda kapaciteten i organisationens kollektiva intelligens. 1992 började jag experimentera med frekvent användning av OST-möten för att nå den kollektiva intelligensen i den organisation jag hade ansvar för. Vi hade möten med hög delaktighet, där goda lösningar växte fram. När det gällde detta, så var vår användning av OST-möten mycket framgångsrik för att nå den kollektiva intelligensen. Våra utmaningar var att lösningar stötte på barriärer i vår dagliga verksamhet i organisationen och energin för att delta i mötena började avta, när medarbetarna upptäckte att de fick problem att implementera sina lösningar. Som tur var fanns det ungefär åttio medarbetare och därför hade vi lyxen att kunna iaktta oss själva och vår organisation, se på situationen tillsammans och göra justeringar.

Vi utvecklade en frigörande struktur som började med att jag som chef utvecklade uttalade icke förhandlingsbara regler, som vi kallade ramar. Jag skapade inte dessa själv utan hela personalen tillfrågades. Det var ett val jag gjorde utifrån mitt sätt att leda. Varje ledare har sitt eget sätt att bedöma vad som verkligen är en ram. Vi utvecklade ett sätt att arbeta med OST, där vi faciliterade mötena så som Harrison Owen lärde ut, men lade till arbete före och efter OST-mötet för att säkerställa att resultaten från mötet hade största möjliga chans att bli implementerade. För varje OST-möte genomförde vi ett planeringsmöte, ett utvärderingsmöte omedelbart efteråt och sedan ett uppföljningsmöte för medarbetarna efter fyra månader. Hela processen faciliterades med Whole Person Process Facilitation (WPPF) som en obruten container, med OST-mötet inskjutet i den, så att deltagarna upplevde ett sammanhang.

Planeringen, utvärderingen och uppföljningsmötet behövde faciliteras på ett sätt som stämde med formatet i OST-mötet. Jag använde det jag lärt mig av Angeles Arrien och Marge Denis och utvecklade

WPPF för det här syftet och för att använda i organisationen när det behövdes en mer styrd metod än OST. Vår delaktighetsskapande arkitektur innehöll ett månadsmöte för hela systemet med OST samt möten för arbetslag och avdelningar, där OST eller WPPF användes för varje möte. Genom att använda de här två delaktighetsskapande metoderna i en operativ organisationsstruktur som var tillräckligt frigörande för att tillåta delaktighet, så såg jag att vi kunde nå in till den kollektiva intelligensen hos medarbetarna.

När vi fick problemet att vi skapade så många lösningar utan att ha den organisatoriska kapaciteten att arbeta med dem, insåg jag att vi behövde förbättra den operativa plattformen som organisation, för att kunna uppnå både kortsiktig och långsiktig nytta av lösningarna och ett sätt att hålla oss själva som kollektiv, ansvariga för resultatet. Just då höll vi på att fundera ut hur en organisation kan dra nytta av den kollektiva intelligensen för att navigera med konstant förändring. Detta var ingen teoretisk sysselsättning utan ett levande laboratorium där vår styrelse, ledningsgruppen, mellancheferna, personalen och volontärerna i samhället, deltog medvetet. Jag hade turen att få arbeta med en grupp, som tillät lärandet när vi prövade sådant som fungerade och även när vi prövade sådant som inte fungerade. Den lösning jag kom fram till, var att ge medarbetarna uppgiften att leta fram de nyckelfaktorer som plockas ut ur mötesprocesserna WPPF och OST för att användas i det dagliga arbetet i organisationen och skapa vår operativa plattform. Jag tänkte att om extraordinär medvetenhet, beteenden och resultat kunde uppstå under ett av dessa möten, så kunde man kontinuerligt uppnå samma extraordinära resultat genom att låna metodernas nyckelfaktorer. En faktor blev navet för den frigörande strukturen i den operativa plattformen — medicinhjulet. Harrison Owen hade anpassat medicinhjulet så att det kunde appliceras på organisationer. Han använde detta i avslutningen av OST-möten för att hjälpa deltagarna reflektera över hur de under mötet arbetat med ledarskap, vision, samarbete och organisering. Han använde de här fyra delarna av en organisation och sammanförde dem med arketyperna krigare, visionär, läkare och lärare, vilka återfinns i många versioner av medicinhjulet. Över tid har jag utvecklat och testat ett sätt att arbeta med medicinhjulet, som uppnått hållbara resultat för de organisationer jag arbetat med. I början av den här forskningen samarbetade jag med dr Larry Peterson, Ontario, Kanada. Tillsammans publicerade vi i februari 1999, våra resultat i tidningen *At Work: Stories of Tomorrow's Workplace.*[19] Min forskning visade att de resultat som erhölls med hjälp av medicinhjulet inte var tillräckligt hållbara. Som ett resultat av min utforskning och mina experiment så lade jag till tre delar och skapade en ordning som en organisation behövde följa, för att utveckla en operativ plattform och uppnå hållbara resultat. De tre tillagda delarna är syfte, relationer och en cirkel för helheten. Detta blev till the Medicine Wheel Tool™ i the Genuine Contact Program, där varumärket står för hur vi använder det, inte för medicinhjulet självt.

Efter den här evidensbaserade forskningen, använde jag den modell som fanns i the Medicine Wheel Tool för att ge vägledning till hela

organisationer, om den operativa plattformen inom vilken denna arkitektur för delaktighet skulle fungera. Med detta nya operativsystem på plats, så klarade vi av att tredubbla vår produktivitet, vinna pris för kvalitén på våra prestationer och allt detta genomfördes utan att öka de materiella resurser vi använde. Vi fann lösningar och vi uppnådde en organisatorisk transformation. Allt detta uppnåddes genom att vi arbetade med nyttan av den kollektiva intelligensen inom en livgivande operativ plattform. Användningen av OST i våra möten var en mycket viktig hörnsten för vår framgång.

1994 talade vi om detta som en Medveten Open Space-organisation för att belysa vikten av att vara medveten om mängden öppet utrymme i en organisation. 1995 valde jag att följa min dröm att på heltid bli organisationskonsult med eget företag. Jag tog på mig uppgiften att räkna ut om jag kunde uppnå samma förmåga att frodas i förändring med optimala prestationer, om jag inte var chef. Med andra ord, jag ville veta om vi hade skapat en operativ plattform för en organisation, med en frigörande struktur och en delaktighetsskapande arkitektur, som kunde replikeras i andra organisationer. Sedan dess har åtskilliga organisationer som vi arbetat med som konsulter, upplevt liknande framgångar.

1999 hade den här metoden för att arbeta med organisationer utvecklats till the Genuine Contact Program, med vårt eget sätt att arbeta, fortfarande med OST som en nyckelfaktor.

Jag valde avsiktligt och hade turen att få uppdrag från små och medelstora organisationer, som ville dra nytta av sin kollektiva visdom. Ja, de hade extraordinära ledare. Efter åtskilliga förändringar av medvetenhet i organisationen, för att uppnå de genombrott de önskade, så var jag övertygad om att det vi utarbetat var upprepningsbart. 1999 när jag bildade ett livs- och affärspartnerskap med Ward,

skapade vi the Genuine Contact Program så att vi kunde lära ut den här sammansatta metoden för att arbeta med organisationer till andra. 2001 genomförde vi vår första examenskurs för människor som blev auktoriserade att utbilda andra i vår metod. Vi hade deltagare från nio olika länder. Idag har vi många auktoriserade trainers från många olika länder. De flesta av dessa arbetar inom sina organisationer. Några erbjuder emellertid öppna kurser i the Genuine Contact Program.

Efter några år av kontinuerlig ökning av the Genuine Contact Program (GCP) och i antal auktoriserade trainers, så beslöt Ward och jag att vi skulle öppna upp ägandet av GCP med en ny modell för delägarskap. Vi erbjöd alla auktoriserade trainers möjligheten att ansluta sig till oss som delägare av GCP och att stödja och vägleda växandet av GCP i världen. Vi blev angenämt överraskade av att cirka fyrtio trainers ville komma med oss och bli delägare av programmet. Sedan dess har delägarna skapat ett lednings- och managementteam och inkorporerats med en legal container, från vilken delägarna kan sköta rörelsen. Den utgör det ledningsnav kring vilket en medlemsorganisation kan utvecklas. Organisationen har möjlighet att hantera sig själv på sätt som främjar en kultur av ledarskap. Det har blivit en fantastisk ny organisk modell som fortfarande utvecklas och söker sig fram mot att bli en accepterad modell globalt, för hur man bäst hjälper organisationer att skapa livgivande arbetsmiljöer med enastående prestationsförmåga.

Som delägare av the Genuine Contact Program, tillsammans med ett antal trainers, så arbetar vi tillsammans på olika sätt där vi bemödar oss om att göra som vi säger, med en operativ plattform utformad för att nå vår kollektiva intelligens och för att frodas i förändring. Då vi är en global organisation som har deltagare från många länder, så är engelska vårt gemensamma språk, fast det för några medlemmar är deras andra eller tredje språk. Vi har inte lyxen att hela organisationen kan mötas personligen, vilket har resulterat i behovet att hitta sätt att fungera i en onlinemiljö, som stämmer med det vi lär ut. Några av medlemmarna, ledda av Thomas Herrmann, Kungsbacka, Sverige och Chris Weaver, North Carolina, USA utvecklar vårt lärande om hur vi kan göra detta på ett bra sätt.

2007 hedrades vi med ett kapitel i *The Change Handbook*, en utomordentligt välgjord sammanställning av trovärdiga metoder för att nå den kollektiva intelligensen i organisationer.[20] 2008 nåddes jag av oro från en av våra kunder som under lång tid varit en Medveten Open Space-organisation. Den ursprungliga avsikten att vara medveten om mängden utrymme som var öppet för att nå den kollektiva intelligensen hade gått förlorad. Den ursprungliga avsikten hade också innehållit att som organisation vara medveten om de ramar, som identifierade där utrymmet inte var öppet för det syftet. Personalen ansåg att i en Medveten Open Space-organisation så skulle allt vara öppet. Som ett resultat av den här oron, så skärskådade jag den Medvetna Open Space-organisationen och rapporterade vad jag fann till vårt professionella nätverk. Vi valde att göra några justeringar i betoningen och döpte om den här typen av organisation till the Genuine Contact Organization (GCO) med avsikten att minska missförstånd och för att fokusera vår övertygelse om kraften av genuin kontakt i ledarskaps- och organisationsutveckling.

Påminnelse till mig själv: Jag undrar om jag kan hjälpa människor att förstå att arbetet med kollektiv intelligens inte automatiskt innebär en konsensusmodell för beslutsfattandet. Jag inser att detta kan missförstås.

Din tur.

1. Om det som presenteras här är sant, vad skulle jag då se?
2. Om det som presenteras här är sant, vad skulle jag då höra?
3. Om det som presenteras här är sant, vad skulle jag då känna?
4. Om det som presenteras här är sant, vad skulle jag då veta?
5. Om det som presenteras här är sant, hur skulle det då kunna påverka mitt ledarskap?

KAPITEL FEM

Gör det enkelt

Jag tror på att göra det enkelt

Enkla modeller och processer möjliggör framgång i komplexa situationer. Komplexa modeller och processer förhindrar möjligheten att nå framgång i komplexa situationer. När jag gör det enkelt, så erkänner jag att all hållbar förändring måste börja inifrån och grundas på vilja, åtagande och beslutsamhet.

För att du ska få egna upplevelser när du läser det här kapitlet, inbjuder jag dig att reflektera över

1. Vilken färg kommer du att tänka på?
2. Vilken textur kommer du att tänka på?
3. Vilken metafor kommer du att tänka på?
4. Vilken dansrörelse kommer du att tänka på?
5. Vad lär du dig om genuin kontakt?

För att göra det enkelt i mitt liv, är en av mina favoritfrågor "är detta till nytta?" Om det är till nytta så arbetar jag med det. Om jag inte känner att det är till nytta, så flyttar jag snabbt mitt fokus. Ett sätt jag använder för att bestämma nyttan, är att lyssna på om jag får en känsla av att "jag borde göra detta" istället för en känsla av att "detta är en modell eller process som gagnar min framgång och jag känner mig inspirerad att använda den".

Om viktiga utmaningar för organisationer i relation till att göra det enkelt

Organisationer idag behöver kontinuerligt hitta lösningar på komplexa problem på mycket kort tid och sedan snabbt implementera lösningen i hela organisationen. De behöver öka sin kapacitet att navigera med förändring och dra nytta av möjligheter när de uppstår. Organisationer behöver ha ett operativsystem och en kultur för ledarskap, som behåller duktiga anställda från alla generationer och där de känner sig inspirerade att arbeta utifrån sin fulla potential.

När jag ska göra det enkelt i organisationer, så vägleder jag mina val från de fem grundläggande övertygelserna i the Genuine Contact Way, som enkelt beskrivs så här:

1. Anden (medveten energi) är allt som finns.
2. Alla organismer har mönstret för sin perfekta hälsa inom sig. Det är nödvändigt att vi lär oss göra livgivande och inte livsförbrukande val.
3. Genuin kontakt med det egna jaget, andra individer, kollektiv och hela skapelsen är avgörande för vår positiva utveckling och evolution, både individuellt och som kollektiv.
4. Förändring är konstant. Vi måste utvidga vår kapacitet att arbeta med konstant förändring.
5. Enkelhet tillåter oss att hantera komplexitet. Vi måste göra det enkelt.

För att kunna göra det enkelt, så är det viktigt att ta en paus, sakta ner och fastställa sina övertygelser om att hantera komplexa situationer. Du kanske till och med upptäcker att de här övertygelserna känns rätt för dig också.

Inom den konceptuella modell som de här övertygelserna skapat för mig, använder jag möten med hög delaktighet som katalysator, för att gå framåt i komplexa situationer. Jag har stor tillit till kollektiv visdom och eftersom jag menar att mönstret för den optimala hälsan finns inom varje organism, så litar jag på att om människor kommer samman i ett möte, som är utformat för maximal delaktighet, så kommer deltagarna att nå framgång med komplexa situationer.

När vi utvecklade the Genuine Contact Program, så valdes och utvecklades tre mötesmetoder, som når in till den intellektuella och intuitiva visdomen hos berörda individer och hos kollektivet av intressenter som helhet. De mötesmetoder som används är enkla, ger maximal valfrihet och maximal frihet inom en given kontext och har en faciliteringsteknik som är icke-ingripande, för att säkerställa att lösningarna får det utrymme de behöver för att komma fram.

Efter att ha identifierat de tre övertygelser som ger en kontextuell modell för arbete med ledarskap och organisationer och användningen av mycket delaktighetsskapande mötesmetoder som katalysator för att arbeta med komplexa situationer, så utvecklade vi även enkla multifunktionella verktyg och modeller. Dessa är multifunktionella så när man lärt sig dem, så kan man använda samma kunskap och kompetens på många olika användningsområden. Lika betydelsefullt är att de är enkla att upprepa och lära sig.

När människor arbetat med någon kombination av delarna i the Genuine Contact Program, så berättar de för oss att de haft de organisatoriska genombrott som de förväntade sig men dessutom andra som de inte ens kunnat föreställa sig. Alla deltagare får med sig en viss kunskap om basverktygen som de kan använda om och om igen.

Människor deltar i det här arbetet på många olika sätt, till exempel i kurser för att lära sig en modul eller hela programmet, i organisationer som använder arbetet för att finna lösningar på specifika affärsfrågor och i olika slags organisationer som väljer att använda det här arbetet för att utveckla sin operativa plattform som organisation. Alla som gått någon kursmodul, om så bara en enda, får utmaningen att arbeta med sin genuina kontakt med sig själv, med andra individer, med kollektivet och med Skaparen. Om vi väljer detta, så är det för oss alla, ett arbete som varar under hela detta livet. Det önskade resultatet är att utveckla medveten och genuin kontakt med det innersta jaget. Detta kräver ett skifte av medvetenhet, som underlättas av arbetet med genuin kontakt. Det kräver medvetenheten och engagemanget att hävda sitt ledarskap och att först av allt applicera det på sitt eget liv.

Den här ansatsen påverkas av det åtagande som Genuine Contact Professionals gör för sin egen utveckling av att vara i genuin kontakt och sitt erkännande att detta är en kontinuerlig process som gagnas av medveten uppmärksamhet på integrationen av kontinuerligt lärande. Den påverkas också av den kapacitet en person har för att främja en kultur av ledarskap, med början i ledarskap för sig själv.

Jag har tillfrågats om man skulle kunna ha tester för att bedöma nivån av utveckling av att vara i genuin kontakt samt om det finns ett sätt att försäkra ledare, att de Genuine Contact Professionals de arbetar med har gjort tillräckliga framsteg. Det kan jag inte göra. Jag väljer även att inte gå den här vägen av mätning, för jag menar helt enkelt att Anden är allt som finns och att organisationen kommer att hitta ett sätt att få kontakt med exakt rätt Genuine Contact Professional, som kan vara till bäst hjälp vid just den tidpunkten i organisationens evolution.

Ja, ansatsen påverkas även av övertygelsen att Anden är allt som finns eller att medveten energi är allt som finns. Inte alla som är Genuine Contact Professionals eller ledare som för in the Genuine Contact Way i sina organisationer, tror att Anden är allt som finns. Det annorlunda trossystemet om Anden blir ett hinder, liksom betydelsen av Anden (Spirit) på olika språk. Inledningsvis kan jag ha minskat förvirringen genom att säga att medveten energi är allt som finns. Jag tror att alla Genuine Contact Professionals skulle hålla med om detta eller hålla med om att det finns någon sorts kraft, som i "Må kraften vara med dig".

Hur Genuine Contact Professionals än utarbetar sina övertygelser om någon sorts kraft, så utmanar jag dem att förvissa sig om ifall kraften är välvillig, neutral eller destruktiv. En anledning till den här utmaningen är, att i vårt arbete anser vi att visdomen att finna de rätta lösningarna alltid finns inom organismen, precis som att mönstret för optimal hälsa finns inom organismen. Detta innebär att det finns en välvillig, kreativ livskraft som fungerar i alla organisationer, inklusive i hela den mänskliga rasen. För att vara effektiva, så måste de som arbetar med the Genuine Contact Way, utveckla sig själva för att kunna upprätthålla den här övertygelsen och inte tillåta sig att ansluta sig till en känsla av offermentalitet eller rädsla.

Om man försöker förändra något från utsidan av en organisation, så uppstår motstånd mot förändringen. Det är naturligt. Föreställ dig en person utanför en organisation, som försöker förändra medvetenheten av en organisation genom att göra en plan och sedan planera att hålla sig till den. Jag tror du kan föreställa dig vad reaktionen skulle bli om du befann dig i den organisationen. Som organisationsutvecklingskonsult som arbetar från utsidan av en organisation, så är jag mycket tydlig med att allt förändringsarbete, inklusive det byte av medvetenhet som behövs för att frodas i förändring, måste ledas inifrån organisationen. Jag kan erbjuda verktyg och processer och sedan ta rollen som lärare och mentor. Jag kan varken leda eller styra förändringen.

Påminnelse till mig själv: Nästa gång jag går igenom en personlig förändring, så ska jag anteckna och skildra vad jag känner under förändringsprocessen, så att jag kan fördjupa mina insikter om förändring, genom en uppmärksamhetsövning för att utvidga min uppfattning.

Din tur.

1. Om det som presenteras här är sant, vad skulle jag då se?
2. Om det som presenteras här är sant, vad skulle jag då höra?
3. Om det som presenteras här är sant, vad skulle jag då känna?
4. Om det som presenteras här är sant, vad skulle jag då veta?
5. Om det som presenteras här är sant, hur skulle det då kunna påverka mitt ledarskap?

214

Genuine Contacts verktyg
och modeller

För att du ska få egna upplevelser när du läser det här kapitlet, inbjuder jag dig att reflektera över

1. Vilken färg kommer du att tänka på?
2. Vilken textur kommer du att tänka på?
3. Vilken metafor kommer du att tänka på?
4. Vilken dansrörelse kommer du att tänka på?
5. Vad lär du dig om genuin kontakt?

När vi utformade the Genuine Contact Program, så minskade vi ner ett antal verktyg till åtta och valde enbart enkla verktyg som vi kunde använda i många olika situationer. Genom detta kunde vi lära ut ett minimum av verktyg till människorna i de organisationer vi arbetade med, så att de själva kunde använda dem vid den tid och i den situation där de såg en trolig fördel av att göra det. Det var viktigt för oss att hålla våra egon ur vägen.

Vårt arbete är att tjäna de som anlitar oss, att hjälpa dem och fokusera på hur vi bäst tillgodoser deras behov på ett sätt som inte tar makten ifrån dem. Vi behöver vara villiga att lära dem vilka verktygen är och hur de kan appliceras. Vi behöver förstå att vi inte är där för att erbjuda något komplext för att visa hur duktiga vi är som konsulter. Komplexa modeller och verktyg kan inte hjälpa människor att hantera komplexitet. Istället lämnar enkla modeller och verktyg tillräckligt med spelrum så att människor kan hantera komplexa frågor. Så vi lär ut enkla verktyg som är enkla att upprepa. Verktygen är

1. Historielinjen
2. Organisationens kärna
3. Cykeln för sorg och läkning
   (baserad på forskning av Elisabeth Kübler-Ross)
4. Cykeln för organisationsförändring
   (baserad på forskning av Amir Levy och Uri Merry)
5. Organisationens livscykel
   (baserad på forskning av Ichak Adizes)
6. Livgivande eller livsförbrukande miljöer
   (baserad på forskning vid the Ontario Institute for Studies in Education)
7. The Medicine Wheel Tool
   (baserad på läran om en universell mandala för fyra riktningar)
8. Ramar

Historielinjen

Historielinjen tillåter oss att se på vad som hänt i det förgångna och som lett fram till vår nuvarande situation. Att se på det som hänt erbjuder en möjlighet att hedra prestationer lika väl som man kan identifiera alla händelser som man behöver släppa taget om för att bli redo att omfamna framtiden. När vi ser på framtiden eller till och med utvecklar en vision för framtiden, så arbetar vi åter med berättande och vi kan tänka på visionen som den önskade framtidsberättelse vi väljer att forma våra nuvarande aktiviteter efter. Detta verktyg är superenkelt och ändå mycket kraftfullt. Människor älskar att berätta historier som svar på "Vilka är berättelserna i organisationen om det som lett fram till den här händelsen?" och "Vilka berättelser har du om framtiden i organisationen?"

Organisationens kärna

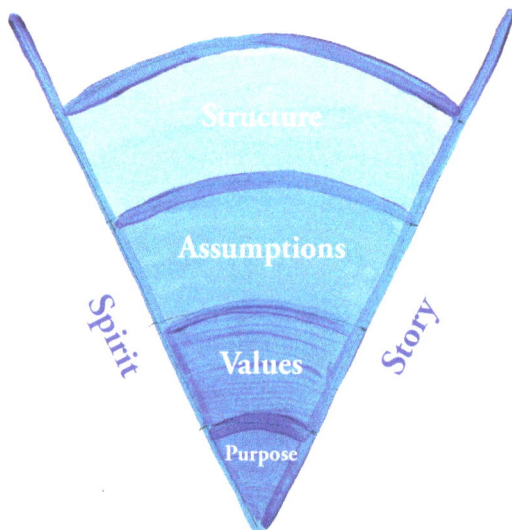

Ofta när organisationer vill förändras, så vill de ändra på beteenden och handlingar hos medarbetarna. De vill att någon sorts beteendeförändringsprocess ska genomföras. Hållbar förändring kräver att man arbetar djupare i organisationen än på dess yta. När vi arbetar med organisationens kärna, så ser vi på de underliggande delar som bidrar till beteenden och handlingar och vi gör justeringar på de här djupare nivåerna för att realisera förändring på ytan. För att arbeta med verktyget Kärnan så kan man föreställa sig att det är en skiva ur en sfär, med syftet i mitten, från vilket allt annat utvecklas. Berättelsen och andan i organisationen är radierna i sfären och påverkar allt. Syftet är kopplat till beteenden och handlingar via värderingar, antaganden och struktur.

Cykeln av sorg och läkning

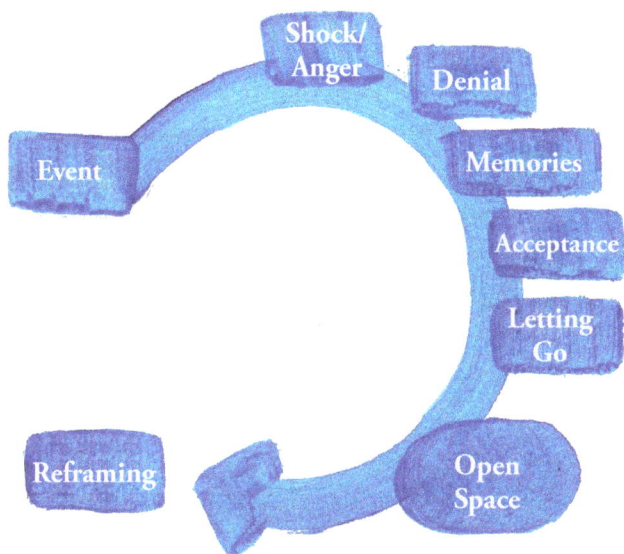

När något händer, oavsett om det är något vi uppfattar som bra eller dåligt, så för det med sig förändring och individer och organisationer kommer att gå igenom en relativt förutsägbar cykel av sorg och läkning, som ett resultat av händelsen. Att identifiera var individer, team och organisationen som helhet befinner sig i sina olika sorge- och läkningsprocesser, ger insikt i vilket arbete som är bäst lämpat för att hjälpa organisationen gå vidare. Min erfarenhet är att när alla i en organisation känner till effekterna av sorgecykeln, så ökar kapaciteten att arbeta med förändring, eftersom det delade begreppet och tillhörande vokabulär erbjuder människor ett bra sätt att föra viktiga samtal. Detta ökar ledarskapskapaciteten.

Cykeln för organisationsförändring

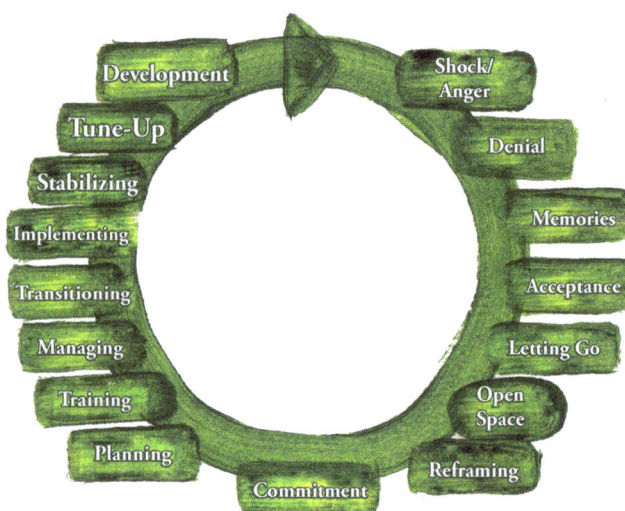

När en organisation vill förändras så sker det vanligen enligt en förutsägbar förändringscykel. Cykeln börjar med cykeln av sorg och läkning och fortsätter därefter med att man förbinder sig att arbeta på ett nytt sätt och göra de förändringar som behövs för att komma dit. Att förstå cykeln för organisationsförändring är ett annat verktyg som ökar kapaciteten att arbeta med konstant förändring lika väl som det ökar ledarskapskapaciteten.

Organisationens livscykel

De flesta organisationer följer en liknande livscykel, från födelsen av en idé genom stark tillväxt mot topprestationer och sedan sätter byråkratin in med långsam stagnation mot döden. Det är emellertid möjligt att bibehålla topprestationer om organisationens operativsystem är format för att främja växande och utveckling genom att uppmärksamma inspiration och kreativitet i relation till lämplig struktur. Lämplig struktur innebär att ha precis lagom med struktur för att stödja inspiration och kreativitet tillräckligt för att vara produktiv, samtidigt som man kontinuerligt minimerar strukturen så att den nedåtgående banan, som kommer av för mycket struktur, kan avvärjas.

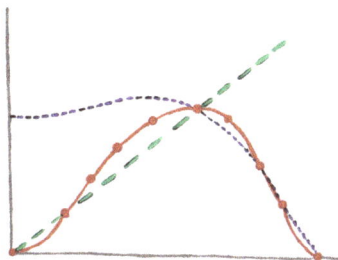

Livgivande eller livsförbrukande klimat

Den miljö där människor fungerar är central för organisationers framgång. Livgivande omständigheter bidrar till hög kreativitet, produktivitet och arbetstillfredsställelse, medan livsförbrukande omständigheter bidrar till låg produktivitet och likgiltig personal. Om du börjar med att läsa de högra kolumnerna i diagrammen, så ser du beteenden som är önskvärda och inte önskvärda när det gäller att skapa en produktiv hem- eller

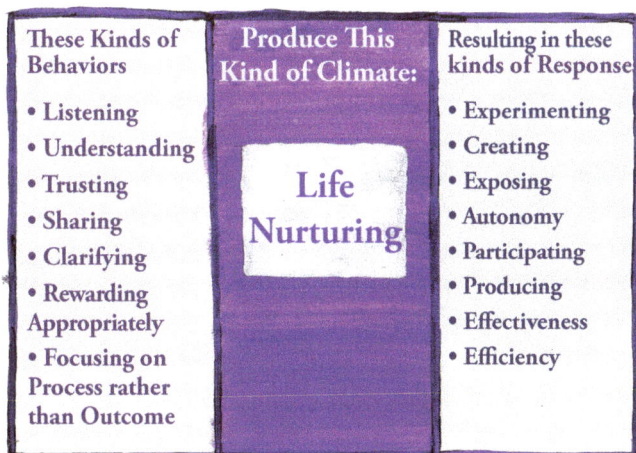

These Kinds of Behaviors	Produce This Kind of Climate:	Resulting in these kinds of Response
• Listening • Understanding • Trusting • Sharing • Clarifying • Rewarding Appropriately • Focusing on Process rather than Outcome	Life Nurturing	• Experimenting • Creating • Exposing • Autonomy • Participating • Producing • Effectiveness • Efficiency

These Kinds of Behaviors	Produce This Kind of Climate:	Resulting in these kinds of Responses
• Controlling		• Conforming
• Punishing		• Representing
• Regulating	**Life**	• Depending
• Telling	**Depleting**	• Avoiding Initiative
• Shaming		• Hiding/Depression
• Guilt Producing		• Apathy
• Judging		• Deception
• Rationalizing		• Judging
• Rewarding Inappropriately		• Victim Behavior

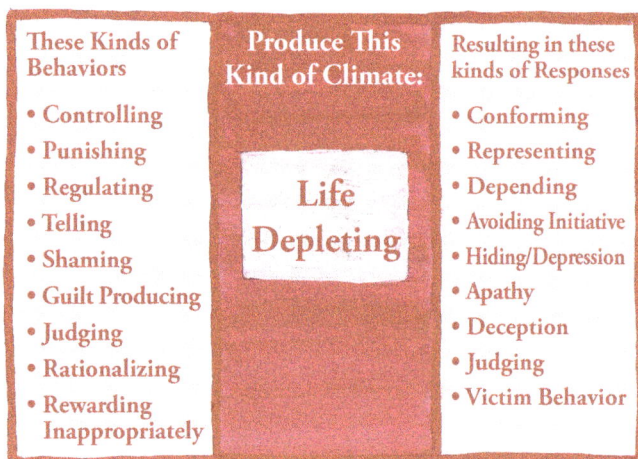

arbetsmiljö. Läs därefter de vänstra kolumnerna av ord som skapar antingen livsförbrukande eller livgivande miljöer. Det är ganska enkelt att använda det här verktyget för att göra en snabb bedömning och en plan för att ändra miljön och åstadkomma de beteenden som är önskvärda.

The Medicine Wheel Tool

The Medicine Wheel Tool är en enkel modell för att kunna se holistiskt på en individ, en organisation eller ett projekt. För varje del av medicinhjulet som man går igenom, finns det frågor som ska leda till en djupare förståelse av den delen. Frågorna varierar beroende på analysens syfte och objekt. När en cykel är genomförd, kan man

222

fortsätta med nästa. Varje cykel vidgar förståelsen och ger ytterligare förtydligande av frågorna. Verktyget är mycket lämpat för att skapa och därefter främja en kultur för ledarskap.

Ramar

För att skapa utrymme så att personalen kan ta ansvar, vara mycket kreativa och innovativa, lösnings- fokuserade och produktiva, så behöver cheferna explicit och tydligt uttala vilka parametrar som sätter gränserna för graden av frihet för kreativitet, innovation och lösningsfokus. Alltför ofta är de här parametrarna eller ramarna kommunicerade implicit i organi- sationen, vilket resulterar i att mellanchefer och personal antar att ramarna är snävare än de egentligen är. Vi använder det här enkla verktyget för att inleda samtal om ramarna med ledningsgruppen, för att pröva och ompröva om det som uttalas verkligen är en ram eller om den skulle kunna ändras. Samma verktyg kan använ- das i en familj när man uppfostrar barn, ungefär som i Rachels berättelse tidigare i boken. När hon växte från barn till en ung kvinna, minskades ramarna regelbundet och gav henne kontinuerligt mer utrymme att ta makten över sitt eget liv. Verktyget beskriver vanliga kategorier av ramar inom en organisation och kan anpassas till andra situationer, som för att kunna användas i en familj.

Genuine Contact-processer

Möten, vare sig de sker på plats eller online, är den främsta möjligheten att skapa den förändring av medvetenhet som behövs för organisatoriska genombrott, inklusive de kollektiva genombrott som behövs för att frodas i förändring. När man vill uppnå önskade resultat, så får mötesmetoder som utformats för maximal delaktighet de bästa resultaten vad gäller förändring av hela systemet. Bra planering inför mötet, inklusive att inbjuda människor till ett möte med delaktighet, behövs för att bestämma vad som ska uppnås. Mötets rubrik ska alltid vara en affärs-/ organisationsfråga eller utmaning som organisationen står inför och där man söker lösningar. Ett viktigt organisatoriskt ämne är ett starkt attraktionsfält för att människor ska använda sin kreativitet och upptäcka att de använder sin kollektiva intelligens.

Det finns ett antal pålitliga mötesmetoder som utformats för det här syftet och en fantastisk sammanställning av dem finns i *The Change Handbook* (andra utgåvan).[21] Vi rekommenderar att man letar efter de metoder som är rätt för att organisationen ska få nytta av att använda möten, för att maximera den nytta man får av att använda den kollektiva intelligensen.

På grund av min tro på största möjliga nytta för våra kunder, så föredrar jag mötesmetoder som skapar omständigheter där deltagarna har maximal valfrihet och maximal frihet. Den maximala valfrihet och maximala frihet jag förespråkar, sker inom tydliga ramar som definierar hur stort utrymme inom organisationen, som är genuint öppet för delaktighet och för att använda de lösningar som genereras. Vi valde två enkla processer, Open Space Technology (OST) och Whole Person Process Facilitation (WPPF) för att genomföra möten som syftar till att dra nytta av den kollektiva intelligensen. Vårt val att inkludera endast de här två metoderna i the Genuine Contact program var som svar på en önskan att ha processer som kunde användas för många olika syften och ha många olika användningsområden i organisationer. Detta innebar att vi kunde lära organisationen ett minimum av processer, som kunde täcka dess behov av att finna lösningar på verksamhetsfrågor. Som ytterligare bonus för att finna lösningar, så blir kunskapen om mötesfacilitering med de här metoderna en del av organisationens förmågor.

Efter en tid insåg vi att ibland handlade ett av de initiativ som kom till i ett OST- eller WPPF-möte om att söka hjälp för att lösa en konflikt. För att möta behovet, utvecklade vi Cross Cultural Conflict Resolution (CCCR) så att organisationen hade en metod tillgänglig om det behövdes. Beskrivning av OST, WPPF och CCCR finns på http://www.dalarinternational.com/meeting-facilitation. Eftersom både OST och WPPF ofta kan leda till att konflikter blir lösta som en naturlig bieffekt under processen, så behöver vi nästan inte använda Cross Cultural Conflict Resolution.

Open Space Technology

OST utvecklades av Harrison Owen, men inom the Genuine Contact program arbetar vi med metoden på ett sätt som erbjuder delar för planering, huvudmöte, utvärdering och uppföljning, för att optimera den lång-siktiga nyttan.

225

Whole Person Process Facilitation

Vi skapade WPPF för att ha en metod som komplement till OST, som kunde användas när man behövde en mer styrd process. Vi ger äran till Marge Denis för hennes arbete med Process Facilitation och till the Ontario Institute for Studies in Education för att de erbjuder kunskapen om hur vuxna lär, vilket är väsentligt för WPPF.

Cross Cultural Conflict Resolution

CCCR är en metod för konfliktlösning, som vi utvecklat utifrån vår förståelse av de förhållanden som alla människor behöver, oavsett kultur. Angeles Arriens forskning har påverkat den här processen mycket.

Genuine Contact-organisationen

S amtliga modeller och processer i the Genuine Contact Program kan användas fristående för att uppnå ett specifikt syfte i en organisation. Alla har utformats för att främja en kultur för ledarskap. När en organisation har sett de genombrott som är möjliga när man använder de här modellerna och processerna för att uppnå ett syfte, så är de ofta ivriga att fortsätta använda det här sättet att arbeta mot andra mål. När modellerna och processerna används på ett kontinuerligt och hållbart sätt, börjar en Genuine Contact-organisation växa fram.

När jag var vd för en organisation inom hälso- och socialtjänsten, som hade många olika uppgifter, så utvecklade jag tillsammans med personalen vad vi kallade för den första avsiktligt Medvetna Open Space-organisationen, genom en process av trial-and-error, synkronicitet och medveten uppmärksamhet på vår egen process medan vi utvecklades. En kultur för ledarskap utvecklades och spred sig. Den tillät oss att arbeta med tre gånger så många klienter med samma antal personal, mobilisera betydande resurser och skapa goodwill hos allmänheten med en effektiv marknadsföringskampanj. Den tillät också fortsatt förnyelse av hur personalen hanterade de ständigt ökande komplexa utmaningarna i stadskärnan.

Ur detta inledande arbete med den Medvetna Open Space-organisationen och utifrån två decenniers internationellt arbete med organisationer som letar efter sätt att fungera som kan hjälpa dem uppnå en kultur för ledarskap och ständigt ökande framgångar, så utvecklades konceptet med Genuine Contact-organisationen (GCO).

Genuine Contact-organisationen (GCO) är en organisation som är mycket framgångsrik i att utföra sitt arbete, som upprätthåller hög arbetsmoral, uppfyller sitt syfte, når sin vision och skapar omständigheter och aktioner för nya visioner och för att uppnå dem. GCO får verksamheten utförd på ett effektivt och kompetent sätt genom sin kultur för ledarskap, där de får maximal nytta av den intellektuella och intuitiva kunskapen hos berörda individer och hos kollektivet. Det finns inte två GCO som ser likadana ut. Det finns ingen färdig modell att följa för att utvecklas som GCO, för alla organisationer är organiska och de kan inte passa in i någon annans mall.

Det finns emellertid några avgörande fokuspunkter som behöver åtgärdas: En holistisk modell att fungera i, ett principbaserat ledarskap och ett annat sätt att styra. Man använder de modeller och processer som beskrivits i det här kapitlet för att göra det möjligt för organisationen att välja ut vad som är rätt för den i varje situation, med tillit till den kompetens, kunskap och kapacitet som utvecklas internt och leder till egen kontinuerlig förändring inifrån.

Alla människor i en GCO har möjlighet att bli skickliga i sitt arbete, både i de regelbundna arbetsuppgifterna och i individuella eller kollektiva utmaningar av prestationsförmågan. Tillämpandet av den här skickligheten innehåller att man använder intellektuell och intuitiv kunskap och visdom. I en kultur för ledarskap har människorna en miljö som stödjer deras individuella hälsa och balans, vilket resulterar i mindre sjukfrånvaro och lägre personalavgångar.

Inom en GCO möjliggör ett heltäckande sammansatt arbetssätt inom en holistisk modell, att organisationen i varje situation kan välja det som är rätt för den, lita på den kompetens, kunskap och kapacitet som utvecklats internt och leda sin egen kontinuerliga förändring inifrån. Man använder frekvent Open Space Technology, Whole Person Process Facilitation och vid behov Cross Cultural Conflict Resolution.

GCO är en organisation som är levande, medveten och väljer att främja och stärka sitt liv för att nå optimala prestationer. Den tillåter skapande av det utrymme som behövs för optimal användning av sin potential, sina möjligheter, sin kreativitet, innovationsförmåga, fantasi, inspiration, sina insikter, lösningar, beslut, åtaganden och fokuserade handlingar. Den arbetar utifrån sina styrkor. Den identifierar och tar bort hinder. Den upprätthåller hälsa och balans till nytta för organisationen och medarbetarna. Om du någon gång deltagit i ett Open Space-möte så är det enklare att föreställa sig en GCO, för den speglar samma höga prestationsförmåga som upplevs under ett Open Space-möte, men på en daglig basis istället för bara under en konferens.

När man utvecklas som en GCO, blir alla medarbetare i organisationen medvetna om organisationen som en enhet som är levande, främjar en kultur för ledarskap, är av organisk natur och är fylld av oanvänd potential och möjlighet. Alla medarbetare blir involverade i att utveckla organisationen, så att man får optimal prestationsförmåga genom att främja livet istället för att förbruka det. En del av det nödvändiga utvecklingsarbetet inkluderar:

- Hur organisationen uppfattas av de som är berörda och hur den kontinuerligt artar sig när den utvecklas och växer för att kunna frodas i tider av förändring. Detta inkluderar ett fokus på hälsa och balans.
- Att identifiera vad som fungerar och förstärka det.
- Att identifiera vad som inte fungerar och hur man kan övervinna det.

- Principbaserat, inspirerat ledarskap som leder i den valda riktningen.
- En vision som är tydlig, fokuserad och möjlig att uppnå.
- Hur individerna i organisationen uppfattas, behandlas, involveras, hålls ansvariga och belönas.
- Ändrade lednings- och styrningsfunktioner, inklusive hur besluts-fattande, uppföljning och ansvar ska skötas i hela organisationen.
- Ändrad struktur, som säkerställer att "form följer funktion" så att strukturen stödjer och inte hindrar effektivt arbete i organisationen. Strukturen inkluderar arbets- och kommunikationsprocesser.
- Regelbunden användning av delaktighetsskapande möten. De delaktighetsskapande mötesmetoder som rekommenderas är Open Space Technology, Whole Person Process Facilitation, Dynamic Facilitation, Appreciative Inquiry och World Café.

Vägen framåt

Framåt

S å här i slutet av boken är det dags att se framåt i ditt liv, ungefär som att se ut genom vindrutan i bilen där du ser vart du är på väg. Det är dags att sluta se i backspegeln, om det är så du gjort för att hitta vägen i ditt liv. Vindrutan tillåter dig inte att se för långt framåt, men att se ut genom den från där du är nu, är att se framåt och gå vidare med ditt liv och arbete.

Jag ser fram emot att människor överallt omfamnar sitt mod och engagerar sig i ledarskapet för sina liv. Jag litar på att de råd du funnit i den här boken hjälper dig med det.

Jag ser fram emot att människor överallt vill arbeta för att främja en kultur för ledarskap överallt där de berörs, i familjen och i alla slags organisationer. Föreställ dig att vi har förändrat vår världsbild så att vi tror att ledarskap finns överallt, hos alla och att vi kan skapa omständigheter för ledarskap att blomstra och växa, i alla organisationer där vi deltar.

Jag ser fram emot att människor överallt arbetar med ett skifte av medvetenhet, individuellt och kollektivt, för att skapa individuella, organisatoriska och planetariska genombrott till verklig rikedom för alla.

Jag ser fram emot att människor väljer Genuine Contacts arbetssätt för att få inspiration att skapa en framtid som våra barnbarn och alla framtida generationer kommer att tacka oss för.

Jag ser fram emot kontakterna med alla er som väljer att följa Genuine Contacts arbetssätt mer nära. Håll kontakten med oss genom att gå till www.genuinecontactway.com. Där finns möjligheten att

- Registrera sig för nyhetsbrevet där vi delar nyheter, råd och erbjudanden
- Anmäla sig för att följa oss på vår blogg, på Facebook, LinkedIn och YouTube
- Anmäla sig för kurser i Genuine Contacts arbetssätt och the Genuine Contact Program
- Kontakta Birgitt Williams direkt via epost till birgitt@dalarinternational.com

Om du är ledare, konsult, utbildare eller facilitator och vill koppla dig till den internationella gruppen av Genuine Contact Professionals, gör så här:

- Besök Genuine Contacts internationella hemsida, www.genuinecontact.net

Ser du fram emot att vara den förändring du vill se i världen? När du reflekterar över vad du lärt dig av att läsa och studera den här boken, vad ser du då fram emot?

Tack för att du inkluderade studien av den här boken på din resa.

Birgitt

Namaste

Referenser

1. Andreas Moritz, *Timeless Secrets of Health and Rejuvenation* (Enerchi.com, 2007).

2. Forskningen publicerades i "The Toxic Handler: Organizational Hero—and Casualty," Peter Frost och Sandra Robinson, *Harvard Business Review,* July 1999. http://hbr.org/1999/07/the-toxic-handler-organizational-hero-and-casualty/ar/1, läst 10 juni, 2014. Det finns även i *Toxic Emotions at Work and What You Can Do About Them,* Peter Frost (Harvard Business Review Press, 2007).

3. Guy Murchie, *The Seven Mysteries of Life: An Exploration of Science and Philosophy* (Boston: Mariner Books, 1999).

4. Walter Russell, *The Message of the Divine Iliad* (Waynesboro, VA: University of Science and Philosophy, 1971).

5. Angeles Arrien, *The Four-Fold Way: Walking the Paths of the Warrior, Teacher, Healer, and Visionary* (New York: HarperOne, 1993), 41.

6. I den här boken har vi valt den feminina formen (hennes eller hon) för att ge överensstämmelse och tydlighet.

7. R. D. Laing, citerad i John Edmonstone, *The Action Learner's Toolkit* (Gower Publishing, 2003), 3.

8. Se http://explorersfoundation.org/glyphery/122.html. Denna dikt av Marianne Williamson finns i hennes bok *Return to Love* (New York: Harper Collins, 1992).

9. Esther och Jerry Hicks, *Ask and It Is Given: Learning to Manifest Your Desires* (New York: Hay House, 2010), 114.

10. Ken Wilber, ed., *Quantum Questions: Mystical Writings of the World's Great Physicists* (Boston: Shambhala, 2001).

11. James Gleick, *Chaos: Making a New Science*, reviderad upplaga (New York: Penguin Books, 2008).

12. Richard Bartlett, *The Physics of Miracles: Tapping in to the Field of Consciousness Potential* (New York: Atria Books, 2010).

13. Itzhak Bentov, *Stalking the Wild Pendulum: On the Mechanics of Consciousness* (Rochester, Vermont: Destiny Books, 1988).

14. För mer information om dr Bruce Lipton och trossystemens biologi, se https://www.youtube.com/watch?v=jjj0xVM4x1I.

15. Candace B. Pert, *Molecules of Emotion: The Science Behind Mind-Body Medicine* (New York: Simon & Schuster, 1999).

16. Toni Elizabeth Sar'h Petrinovich, *Divining Truth: Straight Talk from Source* (West Conshohocken, PA: Infinity Publishing, 2012).

17. Edward E. Lawler III, Chris Worley, *Built to Change: How to Achieve Sustained Organizational Effectiveness* (San Francisco, CA: Jossey-Bass, 2006).

18. John B. Cobb Jr., David Ray Griffin, *Process Theology: An Introductory Exposition* (Westminster John Knox Press, 1996).

19. Birgit Bolton, Larry Peterson, "Open Space and Accepting the Benefits of Risk and Uncertainty," *At Work: Stories of Tomorrow's Workplace* Vol. 8, No. 1 (1999): 4–9.

20. Peggy Holman, Tom Devane, Steven Cady, *The Change Handbook: The Definitive Resource on Today's Best Methods for Engaging Whole Systems,* andra utgåvan (San Francisco, CA: Berrett-Koehler Publishers, 2007).

21. Ibid.

Med tacksamhet

Jag är tacksam för alla jag mött på min livsresa. Varje person har hjälpt mig förstå gåvorna av genuin kontakt och därmed assisterat mig att upptäcka vem jag är. Min resa med genuin kontakt har välsignats av mina barn Rachel, Laura, David och Aaron. De har visat mig kärlekens väg från det ögonblick de avlades, på sätt som jag inte kan beskriva i ord. Jag är tacksam för Ward, min livskamrat och affärspartner, som har fört med sig så mycket in i mitt liv, som tillåtit mig och oss att expandera och växa. Jag är tacksam för mina barnbarn Jessica, Marleigh, Jaxson och Leah. De är ren kärlek, fantastiska lärare och hoppingivare. Jag är också priviligierad att ha en utvidgad familj. Danny, Matt, Lily och Christa har lärt mig den glädje och det växande som följer med att vara bonusmamma. Andra har kommit till den växande familjen och givit oss helheten av allt som kan upplevas inom en sammansatt familj. Jag är tacksam för var och en för deras bidrag till mitt växande och min förståelse och naturligtvis för deras kärlek.

Jag är tacksam för alla de ledare och organisationer jag haft privilegiet att arbeta och växa med. Tillsammans med er har jag haft möjlighet att bevittna extraordinärt ledarskap och förverkligandet av livgivande organisationer.

Jag är tacksam för att jag fått möta, arbeta och ha roligt med de mest otroliga människor runt om i världen, som också åtagit sig att göra en positiv skillnad för oss själva och kommande generationer. De ger mig ständigt ny inspiration. Jag är särskilt tacksam mot dem som har format en internationell organisation för att stödja arbetet med att föra ut the Genuine Contact Program i världen och jag är tacksam för att detta inkluderar så många medlemmar av vår familj. Jag tänker på mina vänner och kollegor i Genuine Contact som medlemmar av vår utvidgade familj och är tacksam för att de ger av sig själva, sina hjärtan, intellekt och själar för att utveckla det här arbetet och den här kunskapen i världen. Jag uppskattar den kollektiva önskan att uppnå en delad vision om livgivande organisationer där människor kan frodas och att lämna bakom sig en värld där människor upplever livsförbrukande arbetsmiljöer. Jag är tacksam för att vi tillsammans fortsätter räkna ut hur vi ska "göra det som vi säger" när det gäller en kultur för ledarskap. Vi antog en stor utmaning när vi snabbt blev en global organisation och behövde komma på hur vi skulle vara livgivande när det mesta av vårt samarbete sker i en onlinemiljö.

Jag är tacksam för våra förfäder som förde över visdom, erfarenheter och minnen som har hjälpt mig växa.

Jag är tacksam för mina efterkommande släktingar som ännu inte fötts, för de är en stor del av min inspiration att göra en positiv skillnad för kommande generationer.

Jag är tacksam för alla vänner längs vägen – några som varit vänner för en tid, andra som är vänner för en livstid. Var och en av er har berikat mitt liv omätligt på så många underbara sätt. Var och en av er har påverkat det som finns i den här boken, det jag vet och det jag lär ut. Jag tackar er här och i mitt hjärta.

Marianne Aal, Raffi Aftandelian, Lotta Alsen, Steven Alston, Christiane Amini, Angeles Arrien, Judy Arnott, Becky Arrington, Yetnayet Asfaw, Phil Assuncao, Tova Averbuch, Eiwor Backelund, Bhamathi Balasubrahmanyam, Ed Ball, Peter Bauer, Sainath Banerjee, Massee Bateman, Christoph Beck, Drew Becker, Christiane Bieker, Norma Bolton, Doug Bolton, Steph Bolton, Ann Boman, David Bonk, Deb Bonk, Matthias zur Bonsen, Juergen Bossert,

Sumana Brahman, Sabine Bredemeyer, Cia Brinkåker, Christian Buenck, Marquis Bureau, Maya Burkhard, Bev Carter, Sam Chan, Bonnie-Jean Chartrand, Kachina Chawla, Annick Chenier, Donna Clark, Ellen Cohen, Michelle Cooper, Maureen Corbett, Chris Corrigan, Marge Dennis, Naveen Devnani, Spenser Dresser, Ulrika Eklund, Monday Ekpa, Gabriela Ender, Gayatri Erlandson, Uwemedimao Esiet, Garrett Evans, Esther Ewing, Iyeshka Farmer, Marla Fera, Bettina Follenius, Cheryl Francisconi, Pape Gaye, Marianne Gerber, Diane Gibeault, Terry Gibson, Paul Gillooly, Philip Goodner, Doris Gottlieb, Theo Groot, Preeti Gujar, Barbara Hanna, Jim Hanna, Koos de Heer, Diane Henderson, Roxanne Henderson, Thomas Herrmann, Jutta Herzog, Ben Hewitt, Grant Heys, Joan Hicks, Monika Himpelmann, Brunhild Hofmann, Helga Hohn, Peggy Holman, John Hornecker, Peter Iorapuu, Sheila Isakson, Lyudmila Ivanova, Neeru Johri, Laureen Johnson, Duane July, Shaari Kamil, Sheila Keizer, Pat Kemp, Marai Kiele, Isabella Klien, Claudia Knapp, Elisabeth Teppler Kofod, Erich Kolenaty, Reinhard Kuchenmueller, Chitra Kumar, Manish Kumar, Shikhar Kumar, Sarine Labonte, Mark Lefko, Helene Lepire, Marta Levitt, Sara Lewis, Michael Lightweaver, Kerry Lindsey, Nancy Long, Caroline Lusky, Sylvia Machler, Bill Mackinnon, Susanne MacLachlan, Elena Marchuk, Lily Maresh, Gail Martini, Claire Masswohl, Myriam Mathys, Esther Matte, Maureen McCarthy, Tammy McCormick-Ferguson, Monica McGlynn-Stewart, Viv McWaters, Anne Merkel, Pierre-Marc Meunier, Joey Miquelon, Günther Morawetz, Debbie Morris, Madhuri Narayanan, Joan Nathanson, Zelle Nelson, Candy Newman, Michael Nothdurft, Janice Nutter, Abraham Nyako Jr., Denise O'Connor, Hope Oduma, Nancy Olivo, Denike Onasoga, Yemi Osanyin, Barry Owen, Debbie Owen, Harrison Owen, Emily Page, Sanjay Pandey, Michael Pannwitz, Michael Pannwitz Jr., Tripti PantJoshi, Gloria Parker, Laurie Parker, Kimberly Parry, Helen

Patterson, Bharati Patel, Kriti Peters, Larry Peterson, Toni Petrinovich, George Philip, Kendra Phillips, John Pothiah, Jennifer Potts, Donna Price, Jipy Priscilia, Ernst Prossinger, Sharon Quarington, Anju Raheja, Andreas Reisner, Judi Richardson, Katrin Richter, Christl Riemer-Metzger, Judy Robertson, Rick Rocchetti, Birgit Rocholl, Sarah Rogers, Mary Rozenberg, Mary Rumley, Pitamber Sahni, Klaus Schessler, Richard Schultz, Marianne Sempler, Agneta Setterwall, Dykki Settle, Debbie Sexsmith, Mana Shah, Pradeep Sharma, Rubina Sharma, Vijay Prakash Sharma, Bockie Sherk, Rosemary Shovelton, Manju Shukla, Ashok Kumar Singh, Natasha Sinha, Michael Spencer, Anne Stadler, Lars Steinberg, Monica Stewart, Alan Stewart, Marianne Stifel, Constanze Stoll, Ingunn Svendsen, Eva P. Svensson, Rajiv Tandon, Elizabeth Tepper, Andreas Terhoeven, Andreas Tessendorf, Silke Tessendorf, Conrad Thimm, Margrethe Thømt, Anna Caroline Türk, Marina Tyasto, Vibha Kumar, Michael Vinson, Gwen Wagner, Catherine Walton, Bettina Warwitz, Dick Watson, Chris Weaver, Nancy Wells, Virginia Williams, Alyssa Wrenn, Aubrey Wrenn, Bailey Wrenn, Melissa Wrenn, Robbie Wrenn, Jean Wright, Roger Yomba, Mussarrat Youssuf, Ayalew Zegeye, Gernot Znidar, Liam Znidar, Sandra Znidar.

Om jag glömt några som känner att de hjälpt mig växa i genuin kontakt, ska ni veta att ni finns i mitt hjärta och att alla förbiseenden i listan beror på att jag har gjort fel.

Jag utvidgar även tacksamheten till att innefatta Bethany Kelly och hennes team på Courageous Creatives, som noga och varsamt hjälpte mig göra färdig boken och få den utgiven i världen.

Slutligen, min tacksamhet skulle inte vara komplett om jag inte nämnde min djupa, kärleksfulla uppskattning av de många hjälpare vi har i andra riken: Älskade änglar, aktade mästare, guider och vänner.

Om författaren

Birgitt Williams är internationell management- och organisa-tionskonsult, författare, mötesfacilitator, lärare, föredragshållare och chefscoach. Hennes företag fokuserar på att skapa inspirerande arbetsmiljöer, som är mycket effektiva i att uppfylla sitt syfte och nå sin vision. Hon är en förespråkare av att skapa och främja en kultur för ledarskap. Birgitt är mycket skicklig i möjlighetstänkande och arbetar med den fulla potentialen av både konkreta och immateriella tillgångar i alla slags organisationer, som privata företag, offentlig och politisk sektor, samhällen, konsortier och strategiska samarbeten. Hon har stor kompetens i systemförändring, teamsammanhållning, stra-tegiskt fokus, multidisciplinära team och tvärkulturellt arbete. Birgitt har ägnat många år av sitt yrkesliv åt organisationer som arbetar med nyfödda samt barns och mödrars överlevnad och hälsa.

Sedan 1999 har Birgitt Williams (Birgitt) varit chef och seniorkon-sult för Dalar International Consultancy Inc., Raleigh, North Carolina, USA. Birgitt och hennes team har specialiserat sig på att utveckla ledar-skap, organisationer och team samt konsulter och coacher. Birgitt har uppvisat expertis vad gäller operativa undersökningar, arbetat med storskaliga lösningar, team-, organisations- och samhällslösningar samt organisatorisk transformation, även i multidisciplinära och tvärkul-turella omgivningar. Under de senaste sju åren, har största delen av hennes arbete varit med utvecklingsorgan, nationella styrelser och sty-relser för städer i USA samt inom ideell sektor på området hälsa, särskilt mödravård, barnhälsovård och nyföddas hälsa och överlevnad. Hon har arbetat med professionella inom sjukvården, inklusive forskare, i Nigeria, Indien, Indonesien, Australien, Etiopien, Storbritannien, Kanada, Schweiz, Österrike, USA, Sverige och Tyskland. Hon har varit mentor och chefscoach för ledare och seniora organisationskonsulter i Armenien, Australien, Österrike, Kamerun, Kanada, Finland, Frankrike, Tyskland, Israel, Korea, Nederländerna, Nya Zeeland, Nigeria, Norge, Ryssland, Sverige, Schweiz, Taiwan, Storbritannien, USA, Etiopien, Indien, Nigeria och Uganda.

Med utgångspunkt från sin eklektiska bakgrund i kognitiv psykologi, klinisk beteendevetenskap, organisationspsykologi, socialtjänst, sjukvård, tvärkulturell praxis, biologi, historia, filosofi och komparativa religionsstudier, är Birgitt känd och respekterad för sitt djupa engagemang, sin integritet och sin kompetens i att underlätta positiva och hållbara förändringar för individer, team och organisationer. Som både professionell och personlig coach, kommer hon med ett djupt engagemang, mångfacetterad och omfattande erfarenhet och ett genuint, godhjärtat och rättframt synsätt till sitt arbete. Hon har erfarenhet av arbete med tusentals individer och hundratals organisationer under 35 års tid.

Birgitt visste vid 21 års ålder att hon ville bli organisationspsykolog eller -konsult och arbeta med system. Den här kunskapen fick hon under sitt arbete efter universitetet, när hon arbetade i en barnomsorgsorganisation. Hon upptäckte att familjer som ville förbättra sig och göra det bra för sina barn, frekvent hindrades från detta av systemen runt dem. Detta var innan man ens börjat tala om systemteori, men Birgitt åtog sig att bli konsult och arbeta med system som sin livsuppgift. Hon spenderade två decennier på att förbereda sig för detta arbete, inklusive universitetsstudier jämförbara med en filosofie magisterexamen, i ett pilotprogram för klinisk beteendevetenskap, som lärde henne om individ-, par-, familje- och organisationsbeteenden, vilka åtgärder som fungerade, vad som inte gjorde det och varför. Under sina två decennier av förberedelser, tog hon också en rad kurser för att ytterligare utveckla sin tekniska kompetens i olika storgruppsmetoder för att lära sig metoder som skapar storskaliga förändringar, teori för kritiska massan i organisationer, delaktighetsskapande processer för att uppnå tvärsektoriellt samarbete och samverkan samt strategisk planering, inklusive att fokusera energi och arbete med strategiska partners, strategiska allianser och konsortier. Hon studerade ett antal kategorier inom läkekonst och uppnådde stor skicklighet i några.

Innan hon blev ledarskapsmentor och organisationskonsult, insisterade Birgitt på att det var viktigt att ha möjlighet att leda en organisation och själv uppleva om allt det hon lärt sig om utveckling, transformation, förändring och hållbarhet verkligen fungerade när man var ansvarig för organisationens prestationer. Vid trettiofyra års ålder, hade hon turen att bli vd för en organisation inom socialtjänst och hälsa, som hade många uppdrag. Den här perioden finslipade Birgitts kunskap och kompetens utifrån en högre chefsposition, vilket har lett till en stor och djup förbättring av det hon för med sig till ledare, chefer och organisationer i sitt konsultarbete. Birgitt erbjuder enkla men mycket effektiva och kraftfulla sätt att lösa komplexa utmaningar. Hon menar att det är omöjligt att lösa komplexa situationer med komplexa medel och att endast enkla medel tillåter hanteringen av det som är komplext. Under den här perioden utvecklade hon de principer som hon nu arbetar efter.

www.ingramcontent.com/pod-product-compliance
Lightning Source LLC
Chambersburg PA
CBHW051244020426
42333CB00025B/3043